日本マネジメント学会誌
(旧・日本経営教育学会)

Nippon Academy of Management

経営教育研究

MANAGEMENT DEVELOPMENT

Vol.21 No.2

July 2018

特集
原点回帰のマネジメント ―地方企業からの発信―

日本マネジメント学会

目　次

巻頭言　学術学会の競争戦略 ………………………………………… 中村　公一	5
特集言　第76回全国研究大会を振り返って ……………………………… 瀬戸　正則	10

特集論文

現代企業経営の原点とリーダーシップ
　　―理念経営をすすめる経営者の言行に着目して― ……………… 瀬戸　正則　11

研究論文

中小企業によるグローカルビジネス・マネジメントに関する一考察®
　　―国際戦略行動分析の視点と理論的枠組― ………………………… 奥山　雅之　29

ステイクホルダー論に基づく分析の枠組みを用いた事例研究®
　　―CSRにおける社会性と経済性をともに達成するプロセス解明のために―
　　……………………………………………………………………… 世良　和美　41

中小企業におけるIT投資モデルに関する一考察®
　　―IT経営実践企業を対象とした調査をもとに― ……………… 吉本　悟史　53

大会記録
投稿規程
編集後記

MANAGEMENT DEVELOPMENT

VOLUME 21 NUMBER 2 July 2018

Edited by Nippon Academy of Management
6-36, Shinogawamachi, Shinjuku-ku, Tokyo

CONTENTS :

Foreword ·· NAKAMURA Koichi   5
Preface ··· SETO Masanori   10

Managing a Return to One's Roots —A Report from a Regional Company—
Management Basics and Leadership in Modern Corporate Management:
  Focus on Speech and Behavior of Managers Promulgating Management
  Principles ··· SETO Masanori   11

Articles
A Study on Glocal Business Management by Small and Medium-sized
  Enterprises (SMEs) : Perspective of Analysis and Theoretical Frame-
  work in International Strategic Behavior® ···················· OKUYAMA Masayuki   29
Case Study Using an Analysis Framework Based on the Stakeholder Theory:
  Clarifying the Process to Achieve Social and Economic Efficiency in CSR®
  ··· SERA Kazumi   41
A Study of IT Investment Models in Small and Medium Enterprises:
  Based on a Survey of IT Management Practice Companies® ········ YOSHIMOTO Satoshi   53

学術学会の競争戦略

日本マネジメント学会機関誌委員会委員長　**中村　公一**

　今号の機関誌で現在の機関誌委員会の任期は満了となる。この３年間，機関誌委員会委員長として特集論文と依頼論文のすべてに目を通してきた。また学会の各種企画にも多くの参加する機会を得てきた。こうした経験から，本学会の現状や課題についても分かってきたことがあり，この点に関して競争戦略に関わる概念から検討していくこととしたい。

(1) 本学会の置かれている現状

　日本マネジメント学会は，来年 2019 年に 40 周年を迎える歴史のある学会である。学会自体の理念と使命に関しては，ホームページに次のような記述がある。

　　「創立者である故山城章の『実・学一体の実践経営学』と理念に基づき，有能な経営者・管理者を育成するための経営教育を研究・実践する学会として活動してまいりました。本学会は，経営関連の諸学会の中で，特に『実践経営学』と『経営教育』に学会のアイデンティティを有する存在として，きわめて重要な位置を占めております。
　　日本マネジメント学会における研究活動の対象は，企業および非営利組織一般のマネジメント研究にあります。マネジメントに関するアカデミックな原理研究と実務的経験との交流を通じて，『新たな知の創造』と『有能な人材育成』を図ることが本学会の使命であります。」

　上記の内容は，学術界のみならず実務界においても「KAE の原理」として，本学会の創立者の山城章が提唱し，よく知られていることは周知のことである。原理（知識：knowledge）と実際（経験：experience）を基盤に，実践（能力：ability）が啓発される。原理は，理論として普遍性があり，時間がたっても陳腐化するものではないが，経験は新しい課題に直面することによって，常に新しい経験を蓄積していく。原理は，経営者・管理者の経営実践における行動指針となる。また，経営実践は，知識を多く学ぶだけでは不十分であり，実務の経験だけでも不十分である。原理と実践とを比較・検討しながら，主体的立場からプロフェッショナルとしての経営実践が求められるということを簡潔に述べている。

　40 年前に比べて，現在は経営学関連の学会の数は増加しており，テーマも細分化し，さらに類似するテーマを取り扱う学会も複数存在するようになってきている。私自身もそうであるが，一人がいくつもの学会に入会しているという現状がある。研究費の支出先の多様化や，大学からの研究費自体の縮小，さらに研究・教育活動以外に学務が忙しく大会などに参加できないというさまざまな理由から，入会している学会の数を整理して減らす傾向にあるということをよく聞くようになっている。

　従って，学会自体の置かれている環境は，以前にも増して厳しくなっており，いかに継続して入会者

数を維持していくのか，さらには会員数を増やしていけるのかという，まさに企業における競争戦略を，本学会においても考える必要がある。

(2) 本学会の競争優位性を分析する 3 つの視点

企業は，他企業との競争関係のなかで，いかに優位性を築き，持続していくのかを重要な課題としている。競争優位性の獲得に関しては，M.E. Porter は業界の競争環境のなかにおいて，他の企業よりも有利な競争的地位を探すことが競争優位性の源泉になるとする positional view（競争的地位の視点）から分析し，簡潔なモデルを提唱した。

そして，競争優位は一時的に獲得するだけではなく，持続することが必要であるとして，J.B.Barney に代表される RBV：resource-based view（企業内部の資源の視点）の議論が活発に行われていく。つまり，持続的競争優位のためには，独自性のある経営資源や能力の存在が必要であり，顧客に対して他企業のまねのできない自社特有の価値を提供する中核能力の必要性を説く。

また，現在の企業の競争は，単独で行われるのではなく，経営活動を行うなかで，多くの他企業と結び付いているために，企業間の関係性も競争優位性に影響する。例えば，J.H. Dyer & H. Singh が提唱している relational view（関係性の視点）といわれるものが該当し，戦略的提携や M&A のような外部成長戦略も選択肢として大きな位置づけになっている。

そこで，これらの 3 つの視点から本学会を分析することによって，他学会に比べてどのような特長があり，これから学会競争のなかで生き残り，発展していくための課題に関して検討する。ここでは，学会の生き残りとは，現在の会員数をいかに減らさずに，既存会員の満足度を向上させていくのかが課題となる。そのためには，環境が変化するなかで現状維持のままでは不十分であり，学会活動としての魅力を充実させることが必要となる。

(3) positional view による分析

この視点からの検討では，本学会が経営学系の学会のなかでどのような位置づけにあるかということである。経営学系の学会では，日本経営学会（1,863 名：2018 年 3 月現在，学会ニュースによる），組織学会（正会員 2,012 名：2017 年 9 月 1 日現在，HP より）が規模の面ではリーダーとして考えられる。本学会の個人会員は 613 名（2018 年 3 月 3 日現在）である。したがって，リーダーを追うのではなく，ポジショニング的には独自の地位を築いていくことが求められる。

そうするとどういう領域で地位を築いていくのかを明確にする必要がある。学会の理念・使命のなかでは，「実践経営学」「経営教育」の 2 つの柱をあげている。これらに関連する領域をテーマとしている学会は，いくつか存在している（例えば，実践経営学会など）。また，理論と実務の融合という点に関しても日本経営診断学会などが存在する。ただし，この 2 つを同時に掲げ，明確に打ち出しているのは本学会のみである。

本学会は 2011 年 7 月に日本経営教育学会から日本マネジメント学会に名称変更している。会報 270 号の会長挨拶のなかで，「…名称を変更することにより，『経営』よりも『教育』が一面的に強調される偏りも是正され，研究活動の幅が広くなり，実践的に重要な研究課題を広く取り扱えるようになります。…」と述べられている。旧名称の時から，会員の研究領域は，必ずしも「経営教育」に特化したもので

はなかったと思う。この名称変更の理由などから考えるに、経営戦略論のなかでよく出てくるドメインの定義からすると「経営教育」は定義としては明確ではあるが、やや狭いものであると考える。それを"マネジメント"というより広い視野にすることによって、学会員のニーズに沿った将来の発展も考えたドメインにしたのである。

そこで、本学会が今後、独自のポジションをより明確にしていくためには、マネジメントという広い領域を扱ってはいるが、研究のどこかに有能な経営者や管理者を育成するための「経営教育」を意識していくことが必要であろう。そして、それは外部からも分かるような形にするべきであるので、大会、各種部会や機関誌のなかで、その都度取り扱っていくことが求められよう。私も含め、若手・中堅会員のなかには「実践経営学」「経営教育」に関しての知見が十分でない場合もあると思う。この点に関して、会報300号において小椋康宏氏は「特別寄稿　山城章先生の経営学」のなかで、山城章先生と直接つながりのない新しい世代の学会メンバーに対して、山城先生の研究方法に関連する論文を薦めておられる。例えば、山城先生の論文や著書をもとにした勉強会や、大会における経営教育に関する特別セッションなどを通して、関連する知識を勉強する機会を増やしていくことが、将来における本学会のポジショニングを明確にしていくうえでも効果的なことであると考える。

(4) RBV：resource-based view による分析

RBVにおいては、本学会の他学会に対する強みを抽出することである。本学会の大きな特徴の1つに全国大会を年2回開催していることがある。私が入会している学会の多くは全国大会は年1回である。年2回、全国から会員が集まり、毎回欠かさずに出席される方も多く、会員間相互のコミュニケーションも活発であると感じる。また、主催校の個性も出ている統一論題では、学会員のみならず実務家の講演や、主催校の地域にゆかりのある企業経営者の登壇もある。大会開催前の金曜日には、企業見学会もあり主催校は趣向を凝らしている。

そして、私の学会デビューは大学院博士後期課程の大学院生時に本学会における報告である。ある学会では大学院生セッションはあるものの特定大学に報告者が偏り、質問やコメントも批判中心で生産的だとは言えないということを見聞きしたことがある。その点、本学会では大学院生や実務家の方々でも報告しやすい雰囲気があると感じる。私の最初の報告は今考えると拙いものであったが、いろいろとアドバイスを頂け、その後の研究の励みになった。ある種のアットホームさは、学術学会という堅いイメージが持たれるなかにおいて強みであるとも感じる。

ただ、年2回開催が果たして最適なパターンであるのかは、今後議論の余地がある。現状では、統一論題＋自由論題という構成の大会が春と秋で行われている。例えば、組織学会では春は自由論題中心で秋は統一論題中心となっている。春と秋で形態を変えるのも面白い。実践経営学と経営教育をテーマにしているので、従来の報告型のみならず参加者が一緒に体験できるようなワークショップ型のようなものもあると大会に新しさが生まれると考える。現在のアクティブラーニングが大学教育において盛んに話題にもなるなかで、私達も実際に体験していくことが教育能力の向上にも寄与できるだろう。

また、全国大会のみならず各種部会が制度化されている。地域部会（北海道・東北，関東，中部，関西，中国・九州），研究部会（マネジメント実践研究部会：マネジメント研究部会・コンサルティング部会，日本国際マネジメント教育研究部会）がある。各部会の開催報告は会報に掲載されるが、それらをみると研究者

と実務家のバランスも良く，内容が充実していることが分かる。ただ，地域部会と研究部会の住み分けや研究部会間の融合など，今までは行っていないような取り組みも将来的には興味深い。

　学会の研究成果としては，周年事業として刊行物を出していることが挙げられる。これらの刊行物は多くの学会員が執筆しており，30周年記念の刊行物においては全46章もある。周年で確固たる研究書を刊行し，それも多くの方々が執筆者として参加していることは，他学会ではなかなかみられないことである。

　　　10周年記念 『経営教育ハンドブック』(同文舘出版)
　　　20周年記念 『実践経営の課題と経営教育』『多次元的経営環境と経営教育』(学文社)
　　　　　　　　　『山城章先生と日本経営教育学会 (CD-ROM)』(学会事務局)
　　　25周年記念 『経営教育事典』(学文社)
　　　30周年記念 『実践経営学 (「講座／経営教育」第1巻)』『経営者論 (「講座／経営教育」第2巻)』『経営
　　　　　　　　　教育論 (「講座／経営教育」第3巻)』(中央経済社)

　以上のように，大会や部会への参加者や記念刊行物の執筆者数から考えると，大多数ではないかもしれないが，本学会員の学会へのコミットメントは高いと感じる。そして，そのことが大学院生でも報告しやすく，質疑しやすい雰囲気を作っているのではないだろうか。こうした学会員のコミットメントの高さや関係性，経営教育分野における研究成果の存在は確固たる強みであると考える。

(5) relational view による分析

　関係性の視点からは，本学会と他組織の関係について検討できる。まず，産学交流シンポジウムの開催が挙げられる。これは，本学会の使命にもあるマネジメントに関するアカデミックな原理研究と実務的経験の交流を実践するものである。定期的に開催されており，毎回複数の講演と活発なディスカッションが行われている。

　現在は，経営学系の内容が多いが，異なる分野との交流というのも興味深い。例えば，駒澤大学で行った全国研究大会では，特別講演として「禅における理論と実践」というテーマでお話し頂いた。経営と禅では，学問分野としては全く異なるものであるが，理論と実践の捉え方に経営学分野においても大変興味深い知見も多く，参加会員からも勉強になったというお声を頂いた。また，直近の全国研究大会では医療分野を取り上げている。本学会では企業にフォーカスすることが多かったが，このような異分野とも交流することによって，実践経営学の点でさらなる特徴が出てくると考える。

　また，学術的な交流としては，韓国経営教育学会と報告者交換プログラムが制定されている。本学会の春の大会には韓国側から派遣報告があり，秋には韓国への派遣が，国際委員会を中心に実行されている。ただ，現段階では交換報告のみの交流であり，学会機関誌への論文掲載などに関しては議論されていない。今後は，報告のみならず，報告した内容が残る形での取り組みを検討すべきであろう。

　最後に，経営に関する基礎的・専門的知識や経営管理能力を客観的に把握することは，さらに実践能力を高めていくには必要になることである。また，経営教育の推進を図るための具体的な施策も必要になる。この点に関しては，本学会が協力し，2003年から経営学検定試験が実施されている。検定試験を通して実践的経営に関する能力がどのように向上していくのかということを本学会で検討していくと，社会に対しての提言もできていくと思われる。

このように，本学会は学術的な研究を会員だけで行っているわけではなく，広く外部組織とも関係しているということをみることができる。そして，異分野や他国の学術成果や実態を学ぶ機会が多くあることは，本学会独自の特長としても捉えられる。

(6) おわりに

以上で検討してきたように，本学会は実にさまざまなことをしている一方で，多くの経営学系の学会のなかで少しポジションが不明確になっている感がある。それは，ここ数年の会員数の減少や部会の参加者の固定化などにみることができる。全国研究大会以外の部会に関しても，地域部会，研究部会，産学交流シンポジウムと多様である。こうした細分化している部会の整理や，全国研究大会とどのように関係させていくのかということを，会員にも分かりやすいように学会の組織構造を明示することも必要であろう。

また，私自身も実践経営学や経営教育に関して不勉強の部分もある。創立30周年記念集に山城章『実践経営学と経営教育』（『経営教育年報』創刊号，1982年6月）の再録が掲載されたときは，とても興味深く読むことができた（学会HPに全文掲載）。ただ，議論の場などがなかったので，読んで終わりの状況であった。過去の研究をしっかりと踏まえたうえで，実務的な経験との交流を通して，新たな知の創造を目指して日々研鑽していくことが，これからの本学会の競争優位を高めていくうえでも重要な課題である。

Barney, J.B. (2002) *Gaining and Sustaining Competitive Advantage*, Second Edition, Pearson. (岡田正大訳『企業戦略論（上中下）』ダイヤモンド社，2003年)

Dyer, J.H. and H. Singh (2002) "The Relational View," *Academy of Management Review*, Vol.23, No.4, pp.660-679.

Porter, M.E. (1980) *Competitive Strategy*, Free Press. (土岐坤他訳『競争の戦略』ダイヤモンド社，1982年)

特 集 言

第 76 回全国研究大会を振り返って

広島経済大学 **瀬戸 正則**

　第 76 回全国研究大会は，「原点回帰のマネジメント―地方企業からの発信―」を統一論題に掲げ，開催された。多様な事象が輻輳する厳しい環境下での経営を強いられている企業経営の実相を鑑みると，自社経営の原点を見据えながら良かれと信じて打たれた多様な施策の本当の評価は，十年いや数十年待たなければ見えてこないものと考えられる。そうしたなかで，必ずしも直ちには把握し得ない評価に向き合い，教訓を引き出して共有化を図り，得られた智恵を明文化しながら懸命な努力を重ねている経営者の言行に着目し，彼らの情熱・本気度に裏づけられた"語り"をもとに，ゴーイング・コンサーンとしての現代企業が直面している諸課題について企業経営の原点を見据えながら，議論に付していただくことを本大会の目的とした。

　具体的には，経営の原点を咀嚼しながら組織行動に活かしていく経営がいかに求められているのかという問題意識を基底に，企業におけるマネジメントの最新動向や研究成果に触れ，幅広い視点からの議論や情報交流を図ることとした。そこで，理念の具現化を基軸とした経営（理念経営）を貫徹されている経営者として，統一論題セッションで事例報告を願ったのは，創造性・新規性溢れるクリームパンの製造・販売等の積極展開で注目を集める株式会社八天堂の森光孝雅氏，けん玉や化粧筆軸の企画・製造・販売を通じて日本固有の伝統文化の世界への発信を続ける株式会社イワタ木工の岩田知真氏，産学官連携のもとで熟成した独自製造技術による医療機器指定靴下の製造で注目の株式会社コーポレーションパールスターの新宅光男氏である。

　また，テレビや旅行用品のレンタル事業で培った経営ノウハウをもとに，現在は保育事業の全国展開を図りながら，昨年に第 1 回「日本サービス大賞」優秀賞を受賞し，注目を集めている株式会社アイグランの重道泰造氏からは，「行動こそ真実―決意したことに一歩踏み出す―」をテーマに，同社ならではの原点回帰経営について講演を賜った。本大会で 4 社の経営者は，「変わり続けてきたからこそ今がある」との想いに至った経営のこれまでの歩みと今後の展望について，熱く語られた。

　なお，自由論題報告では，15 本の最新の知見にもとづく研究成果が報告され，参加者との活発な議論に付された。本大会は，広島という地方都市にもかかわらず，多くの自由論題報告者ならびに参加者を得るという高い関心のもとに開催でき，「実・学一体の実践経営学」の追究が僅かでも可能であったとすれば，大会実施校としてもこの上ない喜びである。

　本大会の実施に際し，プログラムの設定等にご尽力いただいた大会委員会の皆さま，ご登壇いただいた企業経営者，報告者，コーディネーター，コメンテーター，司会者の皆さま，円滑な運営に向け支援いただいた学会員の先生方ならびに本学学生諸君に対し，心より感謝申し上げる次第である。

特集論文

現代企業経営の原点とリーダーシップ
──理念経営をすすめる経営者の言行に着目して──

広島経済大学 **瀬戸　正則**

┌─ ♪キーワード ─────────────────────┐
│ 中小企業　　原点回帰　　経営理念　　経営者　　リーダーシップ │
└────────────────────────────────┘

1 　問題提起

　21世紀に入り，日本企業を取り巻く経営環境は，一層の多様化・輻輳化の様相を見せながら大きく変容している。20世紀において多くの日本企業の経営者は，米国で生成し展開された経営スタイルである"マネジメント"という概念を取り入れた日本的経営を実践してきた。しかしこんにち，日本的経営のあり方が改めて問われており，21世紀の実践の場でも通用し得る進化した日本型経営の構築が，現下の経営者には求められていると言えよう。

　第76回全国研究大会（以下，大会）では，統一論題を「原点回帰のマネジメント─地方企業からの発信─」と設定し，前述の環境認識を踏まえた議論を深めていただいた。具体的には，多様な事象が輻輳する厳しい環境下での経営を強いられている企業の現状に目を向け，経営の原点を咀嚼しながら活かす経営行動がいかに求められているのかといった問題意識のもと，企業におけるマネジメントの最新動向や研究成果に触れながら，幅広い視点からの議論や情報交流を図った。

　そこで筆者は，委員長として大会運営を担当した成果や課題の総括を意図しつつ，日本マネジメント学会の創立者である故山城章先生が提唱された「実・学一体の実践経営学」という，言わば学会の原点たる理念に改めて着目したうえで，21世紀社会に求められる日本型経営のあり方に係わる一考察として，経営者の"原点回帰[(1)]"思考にもとづくリーダーシップの深層について論じてみたい。

　小椋（2010）をもとに，経営の実践法に係わる山城理論を捉えてみると，企業という経営体制が創業から成熟に至る発展原理の帰結として「経営体」の成立が措定されている。経営体とは，すべての経営機能を担当するトップ・ミドル・ロワーといった専門家が主体的に活動する，プロフェッショナル・マネジメント集団である。そして，経営体の原理について山城理論では，「経営体はそれ自体を主体とし，自らの存在ならびに持続を積極的に充実・発展させることを直接目的として活動する『自主体』である。よって目的の実現は，結果あるいは効果責任として経営自主体に課せられた任務・責務の全うを通じた，社会貢献責任の達成と解される」と説かれている。

　なお，経営体の概念については，山城先生提唱の「経営自主体論[(2)]」および「対境理論[(3)]」を援用することにより，解釈が可能となる（小椋，2010）。

　また，山城理論では，経営体が社会的存在として自主的活動を為すことに対しその意義を求め，その経営体が環境主体である利害者集団と相互に関係し合う活動が，「対境関係の原理」として説かれてい

る。それでは，ステークホルダーとの対境関係を維持しながら，経営体としての企業価値の創造を求めて自立的経営を遂行する現代企業の経営者には，経営思想や哲学といった自らの原点に立脚したリーダーシップの発揮など，いかなる経営行動が求められるのであろうか。

2 本稿の目的

2.1 現代企業経営の原点への着目

　本稿では，経営行動の実相に着目し，彼らの情熱・本気度に裏づけられた"語り"から得られる知見を分析する。具体的には，国際競争力の低下や経営体質の劣化が指摘されるなかで，創成や復権を睨みながらゴーイング・コンサーンとしての存立を図る現代企業が，直面する諸課題に対峙する戦略や方策の原点とは何か，その原点が企業を将来志向で育んでいる経営者が抱く理念やビジョンであるならば，それらがいかに機能発揮しているのかについて検討する。

　筆者は，経営理念を基軸とした経営にまい進する経営体を対象としたヒアリング調査において，経営者の発話で示される「不易流行」というキーワードに注目している。これは，俳聖・松尾芭蕉が「奥の細道」の中で見出した蕉風俳諧の理念のひとつとされるが，いつまでも変化しない本質的なものを忘れない中にも，新しく変化を重ねているものを積極的に取り入れていくことであり，新味を求めて変化を重ねていく流行性こそが「不易」の本質であるとの解釈がなされよう。

　筆者の研究調査対象企業である㈱コーポレーションパールスター（以下，パールスター）の経営者の言説を借りれば，「変えるべきものは大胆に変革し，変えてはならないものを次代に引き継ぐことであり，決してぶれない心で，変化を受け入れること」となる。「不易」とは永遠に変わらない伝統や芸術の精神であり，新しさを求めて時代の変化や要請に順応していくための革新が「流行」であるとするならば，互いに相反する対立軸と捉える向きも出てこよう。パールスターの経営者は，これらは語源を一にする真理であり，経営体として両立させるべき普遍的な原理・原則であると解釈し，この真理に拘る経営姿勢が現代の企業経営の新たなモラル形成の源となり得るものと考えているのである。

　経営現場のリアリティに遭遇する度に考えさせられることであるが，時代を超えてステークホルダーに支持される継続性と変革性を伴った，普遍的な経営戦略としての「不易」と，大胆な改変も厭わない業務執行戦術としての「流行」を明確にしながら，「何のための経営であるのか，何のためにチャレンジするのか」を常に問い直している様相は，経営体としての近代的経営に求められる要諦を再確認し得る経営行動と受け止められる。であるからこそ，数字だけでは見えてこない人間の深層心理にも目を凝らす姿勢を伴いながら，経営事例から把握される多様で奥深い事実を丹念に把握・分析し，知見を導出していく必要があるのではないだろうか。

　以上の認識のもとで大会に招聘し，統一論題セッションでの事例報告を願った㈱八天堂（以下，八天堂），㈱イワタ木工（以下，イワタ木工），パールスター，特別講演をお願いした㈱アイグラン（以下，アイグラン）の各経営者からは，「変わり続けてきたからこそ今がある」との強い想いが，それぞれの語りで主張された。

　そこで本大会や，筆者が実施している面接調査から得られた発見事実をもとに，上記の各経営者が変わり続けてきた様相を各社ならではの「物語」として抽出し，類型化しながら，経営理念研究としての

現代企業経営の原点とリーダーシップ　13

視角による分析・考察を加え，現代企業がゴーイング・コンサーンを追求する術としての原点回帰経営に係わるインプリケーションを導出することを本稿の目的とする。

2.2　経営者リーダーシップへの着目

リーダーシップ研究においては，「内省」[4]との関係性に言及した議論がみられる（八木，2012；中原，2010 など）。詳細は 5.2 に後述するが，パールスターにおける理念を基軸とした経営の様相からも，経営者をはじめ組織成員一人ひとりが常に当事者意識と問題意識を持ち，「内省」を通じて自発的に考え行動するという「制度的（代表的）リーダーシップ」[5]の発揮例とも捉えられる言行が見て取れる。

また，パールスターの「人の人生に直結するものづくり」や，アイグランの「行動こそ真実」といった経営理念の具現化を図る経営者の言明が示すリーダーシップは，次代を越えてステークホルダーに支持される「不易流行」を自社経営の真理と捉えながら，その浸透を主導しているものではないだろうか。

以上の着目をもとに本稿では，とくに経営者が発揮するリーダーシップや，フォロワーによるその認知への着目から得られるインプリケーションについて，前述 4 社の経営行動分析をもとに考察する。

3　先行研究レビュー

3.1　経営理念の概念定義および機能

本稿では，キー概念として掲げる「原点」を明確に捉えるため，経営理念に着目している。その概念定義については，図表 1 に示すように信念，指導原理，価値観，行動規範など多様な見解があるが，学説的に明確な概念規定はない。但し，主要な先行研究からは，企業の存在意義・遵守すべき価値観について述べられていること，意思決定の基準や行動規範を包含した形で明文化され，従業員に対し広く浸透することが図られているといった共通点を見出すことは可能である。

そこで，本稿における経営理念の概念定義は，筆者による企業経営者などへのヒアリング調査からの知見や，瀬戸（2017）を援用し，「創業者や経営承継者の経営に係わる思想・哲学をもとに，何のための経営であるのか，何のためにチャレンジするのかを表明したものであり，経営組織全成員で理解し共有すべき指針を明示した，動機づけおよびコミュニケーションのベース」とする。

なお，本稿のレビューにおいて経営理念に着目するねらいは，経営組織において経営理念を活かすね

図表 1　経営理念の概念定義の変遷

年　代	経営理念の定義	代表的な研究者
1960 〜 1970	・経営者の信念，指導原理。 ・公表を定義に含むものもある。	中川（1972），北野（1972），高田（1978）
1980 〜 1990	・経営者および組織体の価値観，行動規範，指導原理。 ・公表性について論考では言及されるが，定義には反映されず。	鳥羽・浅野（1984），浅野（1991），水谷内（1992），奥村（1994），梅澤（1994），伊丹・加護野（2003）
2000 〜現在	・1980 〜 1990 年代の定義に「公表」が付加。但し，「指導原理」という定義はほとんど見られなくなる。「価値観」「信念」が主流。 ・「根づく」「体現」「共有」といった浸透の視点を含むものも登場。	松田（2002），田中（2006），瀬戸（2010），高（2010），高尾（2010），横川（2010）

（出所）田中（2017）p.6 をもとに，筆者一部修正

らいや機能、とりわけ浸透を図ることの意味づけや、人・組織の活性化をもたらす有益性に言及のある議論から知見を得ることである。そのレビュー結果からは、経営理念の起草や改変時にとくに肝要となるポイントであり、経営戦略策定のベースとなり得る経営理念の重要な機能として、情報のもつ不確実性・多義性・あいまい性の低減（岸、1996）や、組織成員の意思や行動を意図する形に方向づけることによる事態解決および改善（北居・田中、2009）が把握された。

また、人的資源による創造的な行動には、経営者個人が抱く高い道徳性をもった信念と、従業員の欲求・動機、社会的環境の要請が相互に作用して見出され、長期的で高遠な理想をもった経営理念の浸透が重要（清水、1996）となることが挙げられる。この点は、とくに不確実性の高い状況において、企業行動の基本的方向を決定づける上層部が戦略的に意思決定する際には、主観的価値判断としての経営理念やビジョンが重要となることや、経営理念の浸透促進行為は、組織内外の多様なステークホルダーに対し満足度を向上させる形で影響を及ぼすとの議論（清水、1996）から指摘できる。

本稿で着目する経営理念のねらいや求められる機能については、**図表2**のとおり先行研究では既に多くの議論がある。さらに、経営理念は人の意欲をかき立てるばかりでなく、自ら判断し、行動する際の指針を与えることから、判断基準として人びとは欲すること、同じ経営理念を共有する人びとによるコミュニケーションでは、伝えられるメッセージのもつ意味が正確に伝わることも示唆されている。

よって、経営理念は単に文章化され明示されていれば良いのではなく、経営戦略をはじめ企業活動全体への浸透を可能とする実効性ある方策の基底であることが理念には求められるのであり、具体的な行動基準にまで落とし込まれた内容であることがポイントとなる。

図表2　経営理念のねらい・機能に係わる主な論点

主な論点（キーワード）	左記の論点に言及した先行研究名
内部統合（革新への抵抗の逓減），外部適応	鳥羽・浅野（1984），間（1984），黒田（1990），浅野（1991），劉（1995），清水（1996），田舞（2002），北居・松田（2004）
意思決定の基準，判断の拠りどころ	浅野（1991），逸見（1997），伊丹・加護野（2003），瀬戸（2009）
組織成員の動機づけ	間（1984），三ツ木（1984），清水（1996），瀬戸（2009）
モチベーションのベース	伊丹・加護野（2003）
コミュニケーションベースの提供	Ledford et al.（1995），伊丹・加護野（2003），瀬戸（2009）
価値観の共有	宮田（2004）
日々の行動との連係，業績反映	Ledford et al.（1995），清水（1996）
組織文化の創出・表現	三ツ木（1984），Ledford et al.（1995）
企業イメージの創造・発信	浅野（1991），宮田（2004）

注：先行研究名は発表年順に記載している。
（出所）瀬戸（2009）をもとに、筆者作成

3.2　原点回帰思考を裏づける物語とリーダーシップ

詳細は4.3に後述するが、パールスターでは経営の当面の方向性を「ナレッジ産業化（知識創造経営の推進）の実現」と定め、戦略的な競争優位性の確立を図るコア技術の熟成をすすめている。これは、パールスターとして将来にわたって利活用する経営資源の原点を、環境変化の中で適宜確認しながら内省を繰り返し、強化していく経営行動と言える。

野中（2008）によれば、知識創造企業とは「『何のために、われわれは存在するのか』、『どう生きたいのか』という存在論を基盤とする組織」である。また、このような企業のリーダーシップは、「ビジョン，

対話，実践，場，知的資産，環境をトータルに関連づけながら，知の総合力を発揮させるダイナミック・プロセスの実践」であるとされる。

筆者は，リーダーシップについて，「組織が掲げる目標を達成するために，保有する経営資源（ヒト・モノ・カネ・情報など）を，状況に応じて効果的・効率的に利活用すること」と概念定義した上で，「マネジメント」の一部分と捉えている。本来は，集団の構成メンバーの誰でも発揮できるが，実際には公式リーダー（管理者など）に求められることが多い。また，リーダーシップとは，最も重要な経営資源であるヒトを利活用する力のことであり，集団目標の達成に向け，何らかの意図を伴いながらヒトに対し発揮される“影響力”とも言える。

影響力と捉えている既存の議論では，例えば日野（2010）はリーダーシップを，「意図にもとづく影響力が，ある人によって他の人々に対して行使され，集団ないし組織の活動や関係を導き，構造化し，促進しようとするプロセス」と説いている。すなわち，影響力の行使者がリーダー，その受容者がフォロワー，影響力のプロセスがリーダーシップということになる。

リーダーシップは，しばしば多様なスタイル（型）に分けて論じられる。例えば，集団目標の達成に役立つスタイルは「効果的リーダーシップ」である。この議論では，ヒトを動かすことは可能でも，有効でなければリーダーシップとは言えないことが示されている。有効なリーダーシップの発揮には，互いに尊重し合う信頼関係と，共に具体策を考える協働関係が求められる。とくに，職場におけるリーダーとフォロワー間のコミュニケーションの要として，確かさを伴う情報伝達や意思疎通が挙げられる。よって，自分と相手の双方を大切にするバランスと，組織目標の達成と組織マネジメントのバランスとを共立させ得る良好なコミュニケーション能力が，有効なリーダーシップの発揮においては肝要である。

また，前述のとおり，リーダーシップは公式リーダーに求められることが多いとの側面から，「制度的（代表的）リーダーシップ」に言及した議論がある。例えば，平野（2011）はSelznick（1957）の議論を援用し，「集団レベルでの部下との関係に焦点を当てたリーダー行動を超えて，組織全体に価値観を注入し，組織メンバーの行動ベクトルを一定の方向性に合わせていく（一定の許容範囲に収斂させていく）ため，組織トップに要求されるリーダーシップ」と概念定義している（カッコ書きは筆者加筆）。この場合の「制度（institution）」とは，理念・ミッションにもとづく共有された価値を指す。

さらに平野（2011）は，「特定の課題を遂行するための能力について本人がもつ信念」と概念定義する「自己効力感」[6]を，制度的リーダーシップで高揚させることの意味合いについても論じ，その手段として「遂行による習得（enactive mastery）」[7]および「代理学習（vicarious learning）」[8]を挙げている。

以上のようにリーダーシップに係わる議論は，リーダー自身のカリスマ性や人間性といった先天的要素のみがリーダーとなり得る要因が取り上げられる傾向にあるが，2.2で前述のとおり「内省」という自己経験・努力によってもリーダーシップは磨かれるとの主張もある。例えば中原（2010）は，「決められたこと・決めたことを正しく行っているのかではなく，『正しいことを行っているか』との視点から，一旦職務や職場から離れてフリーハンドで自らの言行を問い直すこと」と説き，人は内省を通じて自ら学び，変化を伴いながら成長すると指摘している。また，内省が生じやすいのは，語ることができる或いは語るべき他者や，自己の意思表示に応答してくれる他者が存在する場合であり，自己の言行を他者に説明する際に人は自己の黙示的な意図を高次の視点から評価するため，その結果について考え感じたことを自らの言葉でアウトプットする外化の際にも内省は進むとしている。

なお，リーダー側の課題要因として個人特性による影響を指摘する議論もある。例えば坂田（2017）は，非倫理的な意思決定をしやすい個人特性として，傲慢で自己愛と敵意が強いパーソナリティとされる「ナルシシズム」を挙げている。また，接する情報を自分に都合良く解釈し，自己評価・評判を高めるための意思決定をし，必要とあらば部下の成果も奪うなど，自己を巧みに見せる術に長け，一定の能力もあることから管理職にありがちな特徴であると指摘している。

このような実相を受けて，昨今の経営の現場では「倫理的リーダーシップ」に注目が集まっている。

これは，個人的行為と対人関係を通じて，規範的に適切な行為（社会通念上正しい行為）を示すとともに，双方向のコミュニケーション強化や，倫理観をもった意思決定を通じて，そのような行いをフォロワーにも奨励することとされる。よって，倫理的リーダーシップの効果として，上司が高次の倫理的リーダーシップを発揮すれば，部下の組織に対する情緒的コミットメントを高め，部下による逸脱行為の低減効果がある点が挙げられている（坂田，2017）。

以上のレビューにより得られた知見を援用しながら，4. では，ステークホルダー間の利害の調整や協調を個別的関係にとどめず，すべての対境主体間の関係に発展させることが現代の企業経営に求められている現状を踏まえ，前述4社の企業経営者を対象に筆者が実施した半構造化面接調査結果について，本項の目的に則しながら整理する。

4 複数ケース・スタディ

大会では，企業経営に対し国際競争力の低下や経営体質の劣化が指摘されるなか，創成や復権を睨みながら活躍する地方企業の現況に触れ，そうした企業を将来志向で育んでいる経営者が抱く理念・ビジョンといった観点から，ゴーイング・コンサーンとしての現代企業が直面している諸課題について検討し，議論に付していただくことを目的に，統一論題セッションを設定した。

当セッションにおいて多様な議論を導出するため，元気で熱い経営体として理念の具現化を基軸とした経営（理念経営）を貫徹しているリアリティを披露いただいた3社の概要は，**図表3**のとおりである。

図表3 「統一論題」事例3社の企業概要一覧（抜粋）

	八天堂	イワタ木工	パールスター
代表者・性	森光孝雅・男	岩田知馬・男	新宅光男・男
経営形態・代目	同族経営・三代目	同族経営・二代目	同族経営・三代目
創 業 年	1933年（昭和8年）	1992年（2014年に現社名）	1915年（大正4年）
資 本 金	1,000万円	800万円	1,000万円
売 上 高	16億円	8,000万円（2015/3）	2億7,000万円（2018/3）
従 業 員 数	100名	22名（2016/1）	28名
主 力 事 業	一品専門店，ネット通販，社会福祉，カフェ，海外事業	けん玉「無元無双」，メイクブラシ「熊野筆」軸	機能性靴下，サポーター，環境関連品
店 舗 体 制	国内21店舗，海外5か国	1店舗（広島県廿日市市）	なし
地域活性化	広島のPR，三原市でのCSR	広島県廿日市市のPR	広島県安芸津町の予防医療
経営戦略の展開ポイント	逆転の経営，人財重視，アライアンス	伝統工芸技術の継承と地域活性化，知財戦略，ブランド戦略	産官学連携（2007年開始）による予防医療，知財戦略，ブランド戦略

注：一部を除き，2018年3月現在
（出所）佐々木（2017）p.2をもとに，筆者一部加筆

現代企業経営の原点とリーダーシップ　　17

4.1 「八天堂」経営の原点

　創造性・新規性溢れるクリームパンの製造・販売などの積極展開で注目を集めている八天堂の経営者が，自ら掲げる経営の原点を見据えながら，理念の具現化に向け日々交わしている言説（一部抜粋）は**図表4**のとおりである。

図表4　経営理念の具現化に向けた経営者の主な言説（八天堂の例）

設　問	経営者の主な言説
経営理念など	経営理念：「良い品 良い人 良い会社つくり」 基本理念：あなたと出会えてよかったと一人でも多くの人に言ってもらえる人になる 社　　是：「品性資本の三方善し経営」 経営目的：八天堂は社員のために お品はお客様のために 利益は未来のために スローガン：目指せスイーツパンで金メダル！
経営理念に求める機能	「何のために」の追求には，違いがつきものである。 人間としての生き方を根本的に考えたうえで捉えているものが経営理念であり，その追求ベースはさまざまである。その多様性の中で，組織メンバーの意思を一定方向に継続して収斂させていく機能が求められる。
経営理念の浸透とは	従業員に対する最大の教育は，経営者としての本気度を示す言行による「人間の感化」である。このことにより相手の心を震わせることで，理念は徐々に浸透していく。
最重要課題	とくに新事業展開の際には，有限な経営資源を「自社の得意な領域」「独自の商品」に特化し，磨き上げること。
経営の方向性	人生今日が始まり，「良い品 良い人 良い会社つくり」への挑戦。
商品戦略	特異な付加価値商品による他社とのアライアンス（イノベーションとほぼ同義）。 ● 素材との組み合わせ　　　● 企画との組み合わせ　　　● ブランドとの組み合わせ ● 売り方との組み合わせ　　● 売る場所との組み合わせ　● 見せ方との組み合わせ　など
経営戦略の新規性	「選択と集中」および，「スタンダード（既存のもの）とスタンダード（既存のもの）との融合を図る持続的イノベーション」。
経営者として抱く「経営の原点」を裏づける経営姿勢・想い ↓ 八天堂ならではの"物語"	創業時に掲げていた経営理念は内向きで，心の底から響くような，人生をかけてやり抜くような内容ではなかった。自分はこうしたいとの思いが先行した経営理念であったことに後ほど気づいたことが，経営者としての"原点回帰"につながっている。 かつての倒産の危機という最大の逆境を乗り越えながら，会社一丸となって成長していこうと考えた時に，「何のために」という志を共有することが最も大切と考えた。八天堂社員としての考え方・価値観を共有し，その浸透とベクトルの一致を図っていきながら，八天堂という会社を通して，社員一人ひとりが物心両面において豊かになっていけるような人財育成を心がけている。 常に先人たちが挑戦してきてくれたからこそ今の文明文化があり，われわれは幸せな生活を営むことができる。何とか恩返しをしながら若い時代につなげていきたいとの想いを強烈に抱きつつ，良い品，付加価値を高めた商品を創造していくことが事業継続の要である。 何事も成していくのはすべて人であり，人づくりという観点から社員一人ひとりと本気で向き合う経営を貫徹している。「良い会社」を決めるのは環境であり，われわれは全国からみて人を大切にするモデルになるような，また世界からそういったモデルとして評価を受けるような会社に必ずなっていこうとの想いから，常に"原点回帰"している。 経営，歴史にも多様な物語があるが，ナンバーワン，ナンバーツーがしっかりスクラムを組みながら経営ベクトルをひとつにしていなければ，例え一時期の繁栄はあっても決して長続きはしない。

（出所）筆者作成（2016年10月，2017年7月・11月，2018年3月実施の半構造化面接調査による）

4.2 「イワタ木工」経営の原点

　けん玉や化粧筆軸の企画・製造・販売を通じて，日本固有の伝統文化を次代に継承していくことを経営の原点に位置づけたものづくりを世界へ発信し続けているイワタ木工の経営者が，自ら掲げる経営の原点を見据えながら，理念の具現化に向け日々交わしている言説（抜粋）は**図表5**のとおりである。

18 経営教育研究 Vol.21 No.2

図表 5 経営理念の具現化に向けた経営者の主な言説（イワタ木工の例）

設　問	経営者の主な言説
経　営　理　念	「お客様の想像を超えるものづくり」
経営理念に求める機能	経営者と従業員では「ものづくりへの情熱」に温度差があることから，アイデンティティが異なる一人ひとりに対し経営者としてのものづくりへの想いを丁寧に伝えていくなかで，その差異を縮めていく機能が求められる。
経営理念の浸透とは	経営理念がなくなることは，ものづくりではなくなるということ。
最　重　要　課　題	伝統を守り続けるための新たな挑戦。
経　営　の　方　向　性	「世界一美しい製品であること」「精度の高い製品であること」「ブランドを確立すること」が，当社が追求していく経営の基軸である。 以上のコンセプトをもとに，ものづくりの最重点要素を取り入れたけん玉づくりを堅持していく。
商　品　戦　略	2017 年 1 月，パリで行われた「メゾン・エ・オブジェ パリ 2017」に gallery のオブジェとして出展し，世界中のバイヤーに自社製品を PR し，新たな世界観を創出した。 その結果，世界でも有数の時計ブランド「フランク ミュラー」の特注けん玉を製造することとなり，羽田空港での販売開始などを通じて，今や当社のけん玉は，玩具だけではなく美術品や工芸品，彫刻品に並ぶことができる製品に成長している。
経営戦略の新規性	伝統を伝統として続けるため，その時代に合った進化や新しい発想が必要であるが，ディテールを根本的に変化させてしまえば全くの別物となってしまうため，これまではなかった新たなコンセプトである「遊べる オブジェ」を自ら創出し，商品企画・製造の新機軸に位置づけている。 経営リスクは高いが，利益率が高く従業員のモチベーション向上が期待できる OEM 生産（相手先ブランドによる生産）により，「自社ブランド」の育成を図る。
経営者として抱く「経営の原点」を裏づける経営姿勢・想い ↓ イワタ木工ならではの"物語"	当社では，制作した商品をお客様に販売するだけでなく，要望にお応えするだけではなく，お客様の想像を超えるものづくりこそが，当社が常に意識し具現化していくべき原点であると考えている。 お客様の予想通りの仕上がりでは一流とは言えず，それ以上の感動や喜びを感じさせることのできる製品が目指す「ものづくり」の成果であり，一流のクリエイターの姿である。この想いこそが"原点"であり，全社員で共有しながら，次代の「ものづくり」を確かなかたちにしていきたい。

（出所）筆者作成（2017 年 6 月・11 月実施の半構造化面接調査による）

4.3 「パールスター」経営の原点

　オープン・イノベーションを積極的に進める戦略のもと，2007 年よりスタートした産学官連携を通じた靴下の独自製造技術を発展・進化させながら広島県初の医療機器指定を受け，多くの表彰も得て注目を集めているパールスターの経営者が，自ら掲げる経営の原点を見据えながら，理念の具現化に向け日々交わしている言説（抜粋）は**図表 6** のとおりである。

図表 6 経営理念の具現化に向けた経営者の主な言説（パールスターの例）

設　問	経営者の主な言説
経　営　理　念	「人の人生に直結するものづくり」
経営理念に求める機能	組織としての共通目的（何のため）や目標（どうする）の明確化と，多様なステークホルダーへの訴求を図る際の，コミュニケーションのベースになり得る機能。
経営理念の浸透とは	・経営理念の浸透とは，外部（顧客）の声が組織内に確実に行き届き，成員各自の言行に反映されている状態。当社では，人材を積極的に育成しなくても，エンドユーザー向けの商品づくりゆえに，顧客が評価する声が直接組織内に届くことが，とくに開発スタッフのやりがいに直接つながっている。この意味で，自然体の経営が可能。 ・製造業として，ものづくりを通じて製品開発の想いを表現しながら浸透させること。
最　重　要　課　題	・経営理念の浸透促進。 ・自社ブランド製品比率の向上。
経　営　の　方　向　性	ナレッジ産業化（知識創造経営の推進）の実現に向けた基礎技術の熟成。
商　品　戦　略	コンセプトは「機能性とデザイン性を追求するものづくり」。

経営戦略の新規性	「足の構造と靴下の構造をミックスさせる」という，新たなジャンル（フィールド）の開拓により，独自性・新規性の継続的な創造が可能となり，今後も医療機器を武器とした多様な商品群の戦略的展開が可能。
経営者として抱く「経営の原点」を裏づける経営姿勢・想い ↓ パールスターならではの"物語"	顧客より，「昼夜を問わず暖かい靴下のおかげで，熟睡できて体調も良くなり，元気に働けるようになった」との言葉を頂戴した際は，まさに，ものづくりの醍醐味を初めて経験した瞬間であったが，商品化には既存の靴下編機では不可能であり，技術の確立は可能でも，新たに靴下編機の開発が必要となった。そこで，経済産業省の補助金で平成16年度中小企業ベンチャー挑戦支援事業に応募した結果，採択されたことから新たな生産機を立ち上げることができ，その後の商品開発を支える基礎技術の確立に至った。 2006年5月，「高齢者の皆さんの転倒事故が増えており，その対策として足先が上がる靴下を開発して欲しい」との依頼を受け，その後の広島大学大学院保健学研究科・浦辺教授との出会いをきっかけにスタートした「産学官連携によるものづくり」によって，2007年に転倒予防靴下が完成した。 「貴社の商品は，その人の人生を変える事ができるものであり，もっと研究を重ね，素晴らしい商品を作って欲しい」といった，お客さまから頂ける感謝のお手紙を社員全員の共有財産としながら，各人のモチベーションの向上に活かすとともに，感謝の声につながる経営行動こそが，わが社の"原点"であると日々自らを戒めている。

（出所）筆者作成（2016年5月・9月・11月，2017年7月・11月，2018年3月実施の半構造化面接調査による）

4.4　「アイグラン」の企業概要および経営の原点

　テレビや旅行用品のレンタル事業で培った経営ノウハウをもとに，現在は保育事業の全国展開を図りながら，昨年に第1回「日本サービス大賞」優秀賞を受賞し，注目を集めているアイグランの企業概要および，経営者が自ら掲げる経営の原点を見据えながら，理念の具現化に向けて日々交わしている言説（一部抜粋）は，**図表7**および**図表8**のとおりである。

図表7　「特別講演」アイグランの企業概要一覧（抜粋）

代 表 者 ・ 性 別	重道泰造・男
経 営 形 態 ・ 代 目	同族経営・二代目
創 業 年	1966年
資 本 金	5,000万円
売 上 高	約100億円
経 常 利 益	約5億4,000万円
従 業 員 数	本社スタッフ：49名，保育スタッフ：3,041名
主 力 事 業	企業内・病院内保育施設の運営，認可保育園の運営（全国39都府県で計354施設）
店 舗 体 制	国内6支店
ポ イ ン ト	逆転の経営，人財重視，アライアンス

（出所）筆者作成（2017年8月，2018年3月実施の半構造化面接調査による）。2017年10月現在

図表8　経営理念の具現化に向けた経営者の主な言説（アイグランの例）

設 問	経営者の主な言説
経 営 理 念	「幸せ造りのお手伝い」
経営理念に求める機能	正確性と相手の立場に立って思いやる心で他者と接することができる社員の増強を図っていく際の，コミュニケーションの促進機能。
経営理念の浸透とは	若い時に流さなかった汗は，年老いて涙となって流れるのであり，自分で良いと思ったら一歩踏みだす勇気を持たなければ人生何も変わらない。この考えのもとに，自らの信条である「行動こそ真実」の想いを伝えていくこと。
最 重 要 課 題	経営者自身の課題は，学び続けること。
経 営 の 方 向 性	未来に貢献できる企業でありたい。

サービス戦略	保育理念・方針は，「自分の夢を自分の力で実現できる人」の育成。 ・いろいろな事に興味をもち，自分の力で考えてやってみる気持ちをもつこと。 ・想いやりの気持ちをもって，楽しく仲間と関わることができること。 ・安心できる「心の基地」があること。
経営戦略の新規性	円滑な経営のためには，努力・執念・根性が必要であるが，それだけではなく，人を動かす何らかの仕掛けも含めたすべてが絡み合う戦略や意思決定が肝要。
経営者として抱く「経営の原点」を裏づける経営姿勢・想い ↓ アイグランならではの"物語"	企業は健全な意味で成長持続が前提であり，その覚悟と決意と執念をもって目指す経営に取り組みながら，社員を幸せにすることが要。企業経営には，財産および雇用を守るための理念とそろばんの両方が大切。 人として正しい道を歩んで進むためにも，謙虚で周囲に感謝する気持ちを持ちながら，現状に甘んじることなく挑戦し続ける経営姿勢が肝要。 当初は，手に特段の術もない自分が「どうしてこんなに頑張れるのか？」と思っていたが，過去を振り返ってみると，自分は幼少期に商売をしていた両親のもとで寂しい思いで過ごしていた。この体験もあって，子供たちが寂しい思いをせずにその日を過ごせるためには，働くお母さんを笑顔にすることであると考えた。 仕事は自由に選べるものであるが，何のために仕事をしているのか？を考えると，自分の場合は雇用を守り抜くためのグリッド（やり抜く力）がキーとなる。 テレビレンタル事業・スーツケースレンタル事業・保育事業と展開してきた中で，当社としての"原点"を都度確認しながら，それぞれの相乗効果を巧く発揮できた結果が現経営の屋台骨につながっている。

（出所）筆者作成（2017年8月，2018年3月実施の半構造化面接調査および当該社ホームページによる）

5 発見事実の分析および考察

4. では，経営の原点を見据えつつ将来志向で組織の活性化を図りながらゴーイング・コンサーンを追求している，事例企業4社の経営者の言説を丹念にひも解いた。その結果，各社の現況の差異が明らかとなった反面，図表9に示すとおり共通点として捉えられる側面も把握された。

そこで4. の内容を踏まえ，5. では各経営者が抱く原点思考の経営とは何か，経営資源の優位性を明確にした戦略的経営とは何かといった視座にもとづき，経営者の原点思考の様相を把握するとともに，経営者自身が内省しながら発揮するリーダーシップに焦点を当て，分析・考察する。具体的には，経営者のいかなる意思決定や行動が，フォロワーによるリーダーシップの感知や認知，その意味合いの解釈

図表9　事例3社に見られる共通点

	八天堂	イワタ木工	パールスター
コア技術	パン製造技術	化粧筆の製造で培った塗装技術をけん玉製造に応用	繊維製造の技術ノウハウ（あぜ編み）を活かした商品開発および製造
ものづくり	突出した技術を持つ職人（マイスター）の育成と伝承の仕組み	職人のけん先取替技術や塗装技術の継承	社内一貫生産，機械に頼らない職人の手づくりへの拘り
アライアンス	広島県，三原市，社会福祉法人かずさ萬燈会など多様な連携	けん玉パフォーマンスコンビやGLOKEN（グロケン）など多様な連携	産官学の多様な機関との連携による新製品開発・販路拡大
知的財産戦略		化粧筆「夢元MGN」ブランド けん玉「夢元夢双」ブランド	多くの特許出願 「どんどんウォーク」「リンパ快足」などのブランド
踊り場体験	2度の経営危機	経営危機ではないが，過去一時期のけん玉人気の陰り	売上減少による経営危機

（出所）佐々木（2017）p.9をもとに，筆者一部加筆

につながるのかを検討するため，経営者による内省を踏まえた語りの内容に着目し，類型化する。

5.1　理念経営にまい進する経営者の原点思考

　八天堂の経営者は，経営の原点として常に意識している「何のために」とは，自らの人生，人間としての生き方を常に考えながら捉えているものであるが，常に迷いがつきまとっていると主張する。であるからこそ，「人の人生にどれだけ深掘りできるか，そのために自らの人生をいかに生き抜くか」との想いを経営の原点に据え，親から与えられた明徳（良い資質）を人生通じて磨きながら，成功法則はないが成功条件はあると捉える企業経営にまい進している。

　また，経営の原点を裏づける理念については，お題目を掲げるだけでは駄目であり，いかに理念を使命（ミッション）として感じ，経営者はもとよりミドル・マネジメントも中軸となって伝えていけるのかがポイントになるとしている。よって，経営理念で磨くべきは学び続ける姿勢，謙虚さ，素直さに裏づけられた「人間力」であるとの想いのもとに，経営組織としての進化をかけて次代に良き種を残していく努力が払われている。なお，経営理念に目を向けようとせず，仕事の原点を意識しない従業員に対しては，数字ありきで物事を見ており，仕事に対する心や想いが伴っていないと厳しく指摘しながら，経営者主導の啓発活動をすすめている。

　パールスターの経営者は，「理念をもとに社会を良くしていく，我が人生を良くしていく」といった思想のもとに，顧客の「喜びの声」が聞こえるものづくりを具現化していると言え，このことは中小企業の強みでもあると主張する。また，エンドユーザー向けの商品づくりは，自らの夢をかたちにしていくことが可能であり，組織成員のやりがい・モチベーションにつながっていると評価している。さらに，顧客から届くお礼の手紙は，言わば自社が「社会的認知を受けた証」と捉え，経営者はじめ全組織成員のさらなるモチベーション高揚の手段として活用している。

　アイグランの経営に見られる特長は，多くの経営事例とは異なり，新事業の展開で元々の本業の周辺領域では挑戦せず，段階的に蓄積した経営ノウハウを武器に，進出の都度“原点回帰”を重ねる中で策定した経営戦略により，全く異なる領域に進出し成功している点である。但し，9.11テロをきっかけに進出した保育事業では，当初3〜4年は殆ど事業として成り立たないといった厳しい局面も経ている。

　アイグランの経営者にとっての原点は，以下の言説から見出すことができる。

　『経営とは「下りのエスカレーターを上がっているようなもの」と言え，事態は常に変化している。すなわち，下りのエスカレーターの速さが世の中の流れであるとすれば，その流れに負けて，それに乗る努力を怠ればどんどん下っていく。そして，何とか頑張って世の中の流れに沿って，やっと現状維持である。したがって，その変化に追いついていくためにも，絶やすことなく「内省」を通じた自らの学びから変化し，成長し続けなければならない。』

　アイグランの経営者による原点回帰思考がもたらした成果は，同社の萌芽期を支えたレンタル事業という本業を育んできたことが現経営の屋台骨につながっている点であり，この背景で評価できる事実は，いかに苦しくても決して諦めない「やり抜く力（grit：グリット）」が経営者の強みという点である。同経営者の言説を借りれば，努力とは「現状よりも少しでも成長しているかという姿勢でやり抜いてい

くことであり，成長という形で報われるもの」である。よって，中小企業経営に求められるのは，大企業のような事業や市場の将来を予測する能力などよりも，まさに経営者の執念であると言える。

　以上のようなプロセスを通じて得られた教訓は，「経営組織としての永続的繁栄には，片方に経営理念，片方にそろばんなくして成し得ない」ことである。なお，この場合のそろばんとは「顧客が求める（他社にはない）オリジナル商品・サービス群」を指す。

▇ 5.2 ▇ 内省を活かした制度的（代表的）リーダーシップ

　企業経営の様相をみると，経営者や多くのミドル・マネジメントが，不安定さや矛盾に満ちた現場において，多義性・不確実性・曖昧性を帯びた情報を駆使しながら，即断即決の意思決定を重ねている。本稿で取り上げた経営者は，そのような決定プロセスにおける「内省」の必要性に言及している。この点については，3.2に前述したとおり先行研究における議論もあるが，八天堂やパールスターの経営者は，フォロワーの認知や行動の創出を睨んだ自らの内省を伴うリーダーシップの発揮を通じて，経営理念の具現化をすすめている。

　そこで図表10では，リーダー（経営者）のいかなる意図・目的をもって行った言行が，フォロワー（従業員・取引先・顧客など）によるリーダーシップの「認知」や意味の解釈に影響を与えているのかといった観点から，経営者の「語り」を類型化した。

　図表10では紙幅の関係もあり，本稿で取り上げた事例4社のうち，かつての深刻な経営危機を経営者はじめ全組織成員の総力で乗り越えてきた八天堂およびパールスターに焦点を当て，経営者自身がイノベーションの実行者として，方針策定から現場での創意工夫に至る過程でいかにリーダーシップを発揮しているのかについて，経営者やフォロワー（幹部社員の一部）の言説をもとに，リーダーとフォロワー

図表10　内省を伴う経営者のリーダーシップが示す語り

		リーダー（経営者）			フォロワー	
社名	順	自身の内省を踏まえた語りのフロー（※）	意図・目的		認知	属性
八天堂	1	経営者として当初は，人心を掌握するコミュニケーションを取るのに苦労し，自身の人間性（人徳・資質）の問題と捉えた。	自己変革		なし	—
	2	人間力を磨くためにも経営理念は必要であると気づき，自ら学び続ける姿勢や謙虚さ・素直さの高揚に活かしている。	自己変革		共感	全従業員
	3	基本とは，何事にも不可能なことはなくチャレンジし続ける姿勢であり，何事にも常に謙虚な姿勢で臨むことである。	フォロワーの動機づけ		理解受容	とくに幹部社員
パールスター	1	2007年の産学官連携スキーム構築前の商品開発は，自らの経験や勘に依存した試行錯誤の繰り返し。	自己開眼		なし	—
	2	多様な経験を重ねるなかで，自身の‘直観力’を経営に係わる意思決定の要に位置づけ。	自己変革		なし	—
	3	顧客や取引先などステークホルダーから得たヒントにもとづく経営者自身の内省による，自己変革および戦略転換。	自己変革		共感	ステークホルダー
	4	単発ではなく時流に乗ったテーマ性のある機能・アイデア商品群を順次展開するため，予防をキーワードに「予防医療・予防介護」といった戦略テーマを掲げ，在宅に目を向けた介護予防の機能商品・アイデア商品を多様化。	戦略的思考の強化		理解受容	とくに幹部社員
	5	これまでの経営姿勢を内省し，まずは自身の変革に挑戦してきた自負が，経営理念である「人の人生に直結するものづくり」の原点となっている。	原点回帰		受容	全従業員

注：語りのフロー（※）順は，同枠内の番号で示している。
（出所）筆者作成（2017年11月，2018年3月実施の半構造化面接調査による）

現代企業経営の原点とリーダーシップ　23

との関係性といった視角から分析した。

　その結果から把握された知見であるが，例えばパールスターでは，販売の起爆剤となり得る商品の創造が遅々として進まない状況下，経営者が，どちらかと言えば場当たり的な商品企画に甘んじていたプロセスを内省しながら至ったのは，「周囲の多勢が向いている方向に真理はなく，『真は逆なり』といった逆転の発想が戦略的経営には必要」との想いである。この想いに至った背景を探ると，靴下製造業が斜陽化した最大要因は，コンピューターの導入による大量生産で商品が"同質化"し，差別化が難しくなったことにあるとの経営判断が存在していた。このことは，パールスターが扱う医療機器指定靴下のような機能商品は同質化では通用せず，とくに生産の後処理工程における差別化が要となることを，以前の非戦略的な商品展開を経営者として内省した結果，得られた教訓である。

　パールスターが経営の原点に位置づける教訓は，「一番手であるからこそ『不易商品』の創造が可能」ということであり，その前提を自社のコア技術の熟成を伴う「技術経営」の確立に置いている。このことは，社会から求められる産品づくりの貫徹を示し，万が一の経営危機においてもM＆Aの対象となり得るように企業価値を高めながら存立していく前提にもなる，といった経営判断に結びついている。

　パールスターの経営者の内省行為に改めて着目すると，経営に係わる過去の自身の言行を見つめ直すなかで他者の価値観への理解や受容を深めながら，日常的な行動モデルやパターン（＝自分が無意識に物事を考える際に前提としていること）の自己変革を図っていると言える。

　組織を巻き込んだ変革の具体例として，パールスターの分析から**図表11**に示すとおり，経営理念を基軸とした全員参加型経営スキームが見出された。これは，経営の原点を見据えた革新的な将来ビジョンをもとに組織を挙げた総力性を展開するためには，経営者が自身の「内省経験」を通して創造性を一層発揮しながら，日常的で無意識なメンタル・モデルから脱皮していく必要があることを示している。

　なお，パールスターの工場長に対する面接調査では，経営者の言行には経営理念に裏打ちされた強い信念が常に見出され，従業員として安心して職務が遂行できる点が強調されている。

図表11　経営者自身の内省につながる理念経営スキーム（パールスターの例）

ナレッジ産業化をめざす『人の人生に直結するものづくり』

新商品開発に係わるアイデアを経営者自ら開発スタッフに提案

経営者自ら，以下を基にアイデアを創出
・顧客からの商品要望やクレーム
・産学官連携下での情報交流
・商品展示会や商談等の場で，同業者や病院関係者と交わす"雑談"
・病院の現場情報（医療スタッフの声）

開発スタッフは必ず2点以上の試作品を用意

試作段階から，実体験（罹患）者や製造現場のパート女性従業員が，モニターとして試作品を適宜評価

人を感動させる"物語"のある商品づくり⇒拡販

顧客からの"感謝の言葉"による，全従業員のモチベーション向上
⇒自社製品が顧客から客観的に認められた（社会的認知を受けた）ことの嬉しさ
⇒従業員からの忌憚ない意見具申が活性化してきたことの嬉しさ
顧客などからの評価にもとづいた経営者としての「内省」の反復

注：表内の下線は，経営者の内省行為が包含された部分である。
（出所）筆者作成（2015年10月，2016年5月・9月・11月，2017年7月，2018年3月実施の半構造化面接調査による）

6 　総　　括

　八天堂の経営者は，経営者に求められる資質についてまず，困難から逃げず，自ら掲げる理念・行動指針・社是・社訓と異なる言行をしない強固な意思を挙げている。すなわち，具現化が困難な理念であれば大胆に変更するか掲げるべきではないとの考え方である。

　パールスターの経営者に見られる強固なリーダーシップは，以下の言説に裏づけられたものと言える。

　　『人生には，振り返ってみたらつながっていたと後に思える "線"，すなわち天命があると思われる。今後も，手探り状態の時代を内省してきた結果として辿り着いた「あぜ編み」という独自の特殊技術（コア技術）を活かした，人を引きつけられる商品の創造を通じて，「自立」「予防」をキーワードに国が民間主導の弱者支援を本格化させていく "流れ" をつかみながら経営していく。そのため，「転倒」をキーワードに掲げた商品の多様化（靴下・杖・ベッド等）を図る体制の構築を急ぐ。

　　また，技術集団としての組織力強化を図り，存在感のある会社にしていく。とくに，社内で育成した人材が将来的に独立できる体制のある企業の方が，優秀な人材が集まり育っていく。

　　自分の（過去に振り返って認識できる）物語は，学生時代の恩師から教わった本の読み方にもある。まず黙読し，次に自分の言葉で書き写すことを繰り返すのであるが，書写の分量を常に原文の行数以上とすることで集中力が高まり，自身の振る舞いの内省にもつながる。

　　何のために仕事をしているのか？と問われれば，それは「人のために役立つものづくり」であり，このことは社長も従業員も共有できる "やりがい" である。社長としてのやりがいのひとつは，任せられる人材育成・開発を進めてきた成果であるのか，現場が自ら考え行動できるようになったことである。』

　アイグランの経営者は，「なぜ学び続けないといけないのか？」を自身の永続的問題意識としている。「真剣だと知恵が出る。いい加減だと愚痴が出る。中途半端だと言い訳が出るのであり，結果は能力の差ではなく意識の差である」と，常に自らに問い続けている。

　「理念は最後の拠り処」という考え方に異論はないものの，経営者にとって最も重要な使命は，会社として成長発展し世の中に貢献していくことが重要なドメインでありながらも，理念で世の中の幸せを論ずる前に，まずは少なくとも信じて一緒に働いてくれている社員を守らなければ，どう考えても順番は違うと経営者は考えている。社員の雇用を守るためには，世の中から支持されなければならず，支持される仕事をすることが結局は世のためになるという意味で，社業の追求と社会貢献はリンクしているとの認識は，1.で前述した「対境理論」に通じるものでもあろう。

　以上のような，経営者が語るリーダーシップ発揮の様相について議論する場合，筆者は，経営者自身の組織における立ち位置（ポジショニング）への着目も，同時に必要であると考える。この点について本稿の事例企業経営者は，存続の危機に陥る程に経営が困難を極めた時代を乗り越えながら，ステークホルダーの声や自身の視点をもとに「内省を繰り返してきた」と述べている。よって，本稿の総括における重要な論点として，組織の一員としての経営者が「内省」を伴いながら発揮するリーダーシップにこ

そ，原点を見据えた経営行動に対し重要な意味合いを与えていることを挙げておきたい。

　経営者自身を内観しながら定義づけしていく重要性に言及している辻村（2018）は，C.I. Barnard が自身の議論の中で，「経営管理者自身が組織の一員であって，そのなかで彼らは現実の役割を遂行している」という極めて当然の事実に着目した議論を行っている。具体的には，経営者も組織者（メンバー）も明らかに内在的であると共に外在的でなければならないという，経営者の「主格合一性」に係わる議論であり，経営の神髄は「『他人を変える』ことではなく『自分自身が変わる』こと」との主張である。

　以上のとおり本稿では，経営体としての企業価値の創造を求めて自立的経営を遂行する現代企業の経営者に求められる，経営思想や哲学といった原点を踏まえたリーダーシップについて，ケース・スタディを重ねた。その結果，原点回帰とは単に立ち返って見つめ直すだけではなく，一旦現状を否定して再スタートを切る覚悟のもと，他者の多様な価値観も受容しながら内省し，言行で示すことと判明した。

　よって，正解がなく予測のつかない厳しい局面においても顧客に対し感動を付与していくためには，経営者による「内省型の制度的リーダーシップ」の発揮が必要となる点を強調しておきたい。すなわち，まずは経営者自身が他者との係わりを事あるごとに振り返り，他者が示す言行や価値観の受容を通じて自身のポジショニングを「内省」することの繰り返しを通じて，他者への影響力を高め得るリーダーシップを発揮していくことが，近代的経営を志向する日本企業の経営者には求められよう。

〈注〉
(1) 本稿では田中（2017）を援用し，「企業としての原点と直結させて捉えるのではなく，経営者自身が原点思考するなかでマインドセットする際の背後にある揺るぎのない思考・意識を，都度再確認する行動」と定義する。
(2) 経営自主体論では，以下の5点が示されている。
　　1. 経営体は自主性をもち，独自の行動を認められた責任ある主体である。
　　2. 経営体は自ら能力をもち，責任をもって自主的行動を営んでいる。
　　3. 経営体の行動原理は，仕事主義と言われる機能主義に立脚している。
　　4. 経営体は，制度的存在としての機関である。
　　5. 経営体は，社会的存在としての経営社会である。
(3) 1960年代に経営自主体としての企業のあり方とともに提示され，その後の企業と社会との係わりなどを論ずる上で有効な概念とされる「対境関係の原理」では，以下の言及がある。
　　1. 対境関係とは，経営体が利害者（ステークホルダー）集団と相互に関係し合う状態をいう。
　　2. 経営体が利害者集団に対し，社会的・制度的存在として対境活動を行う場合，対境関係にたつ利害者集団は，いわゆる「環境主体」として独自の行動をとっている。
　　3. 環境主体は，利害者集団である「株主集団」「金融機関」「社債権者」「労働組合」「消費者集団」「地域社会」「行政機関」「他企業」等のことを考慮する。
　　4. 経営体と環境主体との関係である対境関係は，経営実践の場においては，それぞれの主体的立場からの力のぶつかり合いである。
　　5. 経営体と環境主体とが調和のとれた対境関係を維持することが，経営原理となる。
(4) 本稿では八木（2012）を援用し，「内部モデルとしての自己を見つめ，自己に変化を起こす認知」と概念定義する。下位概念として，自己理解・他者理解・自己変革が挙げられる。
(5) 概念定義などの詳細は，3.2を参照されたい。
(6) 当概念の嚆矢である Bandura（1997）は，「予測される状況に対処するために必要となる一連の行為を，巧みになし得るための本人の判断」と定義している。
(7) 平野（2011）によれば，「遂行による学習」すなわち，経験にもとづく学習とも捉えられる。
(8) Bandura（1997）は，観察学習（observational learning）もしくは，モデル（手本）を模倣するという意味合いからモデリング（modeling）とも呼んでいる。

〈参考文献〉

奥村恵一（1994）『現代企業を動かす経営理念』有斐閣。

小椋康宏（2010）「経営実践学の方法と経営者教育」『経営力創成研究』第6号，pp.5–18。

北居明・田中雅子（2009）「理念の浸透方法と浸透度の定量的分析―定着化と内面化―」『経営教育研究』第12巻第2号，pp.49-58。

岸眞理子（1996）「組織の環境解釈と情報処理」『経営志林』第32巻第4号，pp.145-156。

坂田桐子（2017）『社会心理学におけるリーダーシップ研究のパースペクティブⅡ』ナカニシヤ出版。

佐々木利廣（2017）日本マネジメント学会第76回全国研究大会「統一論題シンポジウム」資料。

清水馨（1996）「企業変革に果たす経営理念の役割」『三田商学研究』第39巻第2号，pp.87-101。

瀬戸正則（2009）「経営理念の組織内浸透に係わる先行研究の理論的考察」『マネジメント研究』第9号，pp.25-35。

瀬戸正則（2010）「経営理念の浸透と組織文化に関する一考察―同族経営中小冠婚葬祭業に着目して―」『経営教育研究』第13巻第2号，pp.69-78。

瀬戸正則（2013）「経営理念浸透促進機能としての社会的アイデンティティの知覚に関する研究」『組織学会大会論文集』Vol.2，No.1，組織学会。

瀬戸正則（2017）『戦略的経営理念論―人と組織を活かす理念の浸透プロセス―』中央経済社。

田中雅子（2010）『経営理念浸透のメカニズム』中央経済社。

田中雅子（2017）日本マネジメント学会 第76回全国研究大会「統一論題シンポジウム」資料。

辻村宏和（2018）「経営教育学序説―経営者の『主客合一性』と一人称レベルの持論―」『経営教育研究』Vol.21，No.1，pp.37-45。

中原淳（2010）「内省し，学び続ける人こそ経営者にふさわしい」『RMS message』vol.21，pp.8-10。

野中郁次郎（2008）「私と経営学08　リーダーシップ論」『三菱総研倶楽部』2008 vol.8，pp.18-20。

日野健太（2010）『リーダーシップとフォロワー・アプローチ』文眞堂。

平野光俊（2011）「学習性無力感を打破し自己効力感を高める『制度的リーダーシップ』」『DIAMOND online』2011.9.5号。

八木陽一郎（2012）『内省とリーダーシップ―後継経営者はいかにしてリーダーへと成長するか―』白桃書房。

Bandura, A.（1997）*Self-efficacy : The exercise of control*, New York：W.H. Freeman.

Barnard, C.I.（1938）*The Functions of the Executives*, Harvard University Press.（山本安次郎・田杉競・飯野春樹訳（1968）『新訳 経営者の役割』ダイヤモンド社）。

Hamm, J.（2002）"The Five Messages Leaders Must Manage," *Harvard Business Review*, 84（5），pp.114-123.

Lave, J. & E. Wenger（1991）*Situated Learning : Legitimate peripheral participation*, Cambridge University Press.（佐伯胖訳（1993）『状況に埋め込まれた学習―正統的周辺参加―』産業図書）。

Mintzberg, H.（1973）*The nature of managerial work*, Harper Collins Publishers Inc.（奥村哲史・須貝栄訳（1993）『マネジャーの仕事』白桃書房。）

Selznick, P.（1957）*Leadership in Administration*, Harper & Row Public.（北野利信訳（1963）『組織とリーダーシップ』ダイヤモンド社。）

Schein, E. H.（1985）*Organizational Culture and Leadership*, Jossey-Bass.（清水紀彦・浜田幸雄訳（1989）『組織文化とリーダーシップ』ダイヤモンド社。）

Tajfel, H.（1978）*Differentiation between social groups: Studies in the social psychology of intergroup relations*, London: Academic Press.

Yin, R. K.（1994）*Case Study Research*, 2nd ed., Sage Publications, Inc.（近藤公彦訳（1996）『ケース・スタディの方法［第2版］』千倉書房。）

Management Basics and Leadership in Modern Corporate Management: Focus on Speech and Behavior of Managers Promulgating Management Principles

Hiroshima University of Economics

Seto Masanori

ABSTRACT

This exploratory study attempts to understand, analyze, and find how, in difficult business environments, managers in small- and medium-sized businesses that are pursuing the goal of becoming going concerns through management activities focused on the basics derived from management principles, demonstrate leadership in order to energize people and organizations.

In particular, multiple case studies were examined regarding four companies in the Case Report of the 76th National Conference of Nippon Academy of Management. The primary analytical focus is on examining how leadership is demonstrated to create a sense of unity within an organization while encouraging consistent behavior among members as managers strategically guide the organization to motivate people on the front line in order to embody the organization's management principles.

The results of this study have confirmed the findings that, as executors of innovation, managers show diverse forms of leadership, such as introspective leadership, during the process of policy creation through creative innovation on the front line.

> 研究論文

中小企業によるグローカルビジネス・マネジメントに関する一考察® —— 国際戦略行動分析の視点と理論的枠組 ——

明治大学　**奥山　雅之**

キーワード

地域産業　　グローカル　　異質化と同質化　　国際経営　　中小企業

1　はじめに〜問題意識と背景〜

　近年，市場のグローバル化とアジア経済の台頭，日本文化への世界的評価の高まりなどを背景として，国内各地域における独自の資源（地域資源）を活用し，主に当該地域の市場をターゲットとしていた中小企業が，アジアを中心とした海外市場へと事業を展開する動きが活発となっている[(1)]。ここで地域資源とは，国内各地域における独自の資源であり，特産品や地域ブランド品など，製品・サービスの特徴に直結するものをいう。「中小企業による地域産業資源を活用した事業活動の促進に関する法律（中小企業地域資源活用促進法）」では，① 農林水産物，② 鉱工業品及びその生産技術，および ③ 観光資源をその3類型としている。国は2007年に同法を制定し，地域資源を活用して商品やサービスを開発する事業計画を認定し，補助金や債務保証等さまざまな支援措置を講じてきた。国内市場の成熟化の中，これらのビジネスはグローバルな市場へと目を向けつつある。

　本研究を含む一連の研究は，「地域資源を活用した製品・サービスによる，グローバルな市場をターゲットとしたビジネス」を「グローカルビジネス」と名づけ，「地域ビジネス」から「グローカルビジネス」へと展開していく際の特有のマネジメントを明らかにしていくことをゴールとしている[(2)]（図表1）。本稿はその一連の研究のうち，いくつかの企業事例を考察しながら，「グローカルビジネス」の国際戦略行動の共通特性とその理論的枠組を仮説として構築することを目的とする。ターゲットとする市場は海外各国を視野に入れたグローバル市場であり，ここでは直接輸出や海外拠点への直接投資のほか，間接輸出や海外フランチャイズなど多様な展開形態をも広く含むものとする。研究対象であるグローカルビジネスは，各地域にとって新たな移出財となるだけでなく，たとえば外国人旅行客向けの酒蔵やオープンファクトリーを巡るツアーや果物の収穫体験につながるなど，インバウンドとの相乗効果が期待され，地域活性化の有効な方策のひとつと認識されつつある。

図表1　本研究における「グローカルビジネス」の概念

		特定地域の地域資源の活用，地域性	
		なし	あり
ターゲット市場	特定地域・国内	国内ビジネス	地域ビジネス
	海外・グローバル	グローバルビジネス	**グローカルビジネス**

（出所）　筆者作成

2 先行研究レビュー

国際経営分野におけるグローバルな事業展開に関する研究は，1960年代後半以降，進出先企業での競争が激化して次第に海外市場特有のマーケティングおよびマネジメントが不可欠となったことから活発化した。Perlmutter（1969）は，多国籍企業を ① 本国（国内）志向，② 海外進出先の現地志向，③ 本国に近い周辺的な地域志向および ④ 世界志向の4つに分類する「EPRGモデル」を提唱して国際経営モデルを精緻化した。Hampton & Buske（1987）は，世界的な環境がフラット化していく潮流を重視し，自ら内部組織と外部環境との関係を変えることを意図した企業行動の重要性を説いた。一方，Bartlett & Ghoshal（1989）は，組織の面からさまざまな多国籍企業の行動を観察し，分散，相互依存，専門化などにより，効率化と現地適応化という多国籍企業が抱えるトレード・オフを両立させる「トランスナショナル企業」という概念を示し，複雑性を統合するネットワーク型の経営が必要であるとした。さらにDoze et al.（2001）は，世界に分散する知識を活用してイノベーションを生み出す「メタ・ナショナル企業」という概念を生み出した。

この流れを汲んで，Ghemawat（2007）は，グローバル企業が世界の各地域でローカル化を実現していく事業戦略を描き，文化的，制度的／政治的，地理的，経済的な差異（いわゆる「CAGE」）にいかに対応していくかが重要であるとし，その対応策として「AAA（適応，集約，裁定）戦略」を提示した。これらの研究は，効率性やコスト削減，コントロールの容易さを追求する「標準化」と，各市場の差異に対応する「現地適応化」とのバランスや同時達成をいかに図っていくかがテーマとなっている。日本においても，新宅（2011）は，新興市場開拓に向けた課題として過剰品質と価格を取り上げ，品質・機能を見切った低価格製品の投入やメリハリをつけた現地化商品の重要性を主張し，日本企業の新興国市場開拓における問題点を鋭く指摘している。

本研究に関連した分野での研究の多くは大企業を対象としたものであるが，中小企業など大企業以外の海外展開に関する研究もみられる。ボーングローバル企業（BGC）は，独自の技術的能力を源泉とした差別化と国際的企業家志向性（IEO），学習能力によって各国ごとに適切な参入戦略を採ってグローバル市場を切り拓くという特性を有する（Knight, 2001；Freeman et al., 2006など）。日本でも，山本・名取（2014）はIEOの概念を援用しながら，グローバル化のプロセスにおける企業家要因の重要性を検討している。また，特定の商品または技術において世界のトップグループのポジションをめざすグローバ

図表2　一連の研究プロセスと本稿の範囲

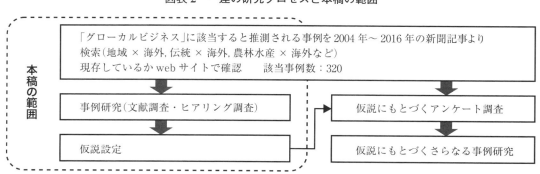

（出所）　筆者作成

ルニッチトップ（GNT）は，自社の戦略的資源やコア・コンピタンスに適合した規模の戦略を採り，同質化された市場よりも，一般市場に内在する異質の市場（ニッチ市場）を狙うという戦略を採る（Simon, 2009；古田ほか，2008など）。土屋・金山他（2015）は，革新的中小企業が「先行開発した製品や他社に差別化した製品を国内や海外の市場に投入」し，やがて「類似商品との競争にも勝ち『デファクト標準』を獲得する」プロセスを示した。丹下（2013）は消費財中小企業の海外市場開拓について実証的に研究し，現地向けの製品改良等によるニーズ対応や高価格戦略の採用が重要であるとした。一方，本研究が対象とする「グローカルビジネス」に関する研究は十分に蓄積されているとはいえない。

3 研究の視点およびプロセス

中小企業が主体となる「グローカルビジネス」の国際化研究を，大企業とは別に論じる意義は何か[3]。

第一に，資源制約である。経営資源の制約はグローバル化にあたり様々な問題点を引き起こす可能性がある。投資余力が限られることで，グローバル化の形態にも影響を及ぼす。このため，自社独自での現地への拠点進出や直接輸出は困難となり，フランチャイズ契約での拠点進出や間接輸出も多い。また仮に拠点進出や直接輸出の場合でも，現地パートナーなどの外部資源を活用することが求められる。加えて，スピードをもって一気に多国籍に進出するというよりも，漸進的にグローバル化を達成していく。

第二に，交渉力の弱さである。取引相手との交渉力が相対的に弱いと，収奪的に利益を吸収され，投資と戦略に見合った収益を獲得できない場合が生じる。力があるパートナーの場合には利益を吸収されやすく，パートナーの選定に慎重にならざるを得ない。

第三に，市場戦略の弱さである。中小企業，特に中小製造業は，国内においても市場へのアクセスを元請企業や流通企業に依存しているケースが多いため，市場開拓に必要な情報の発信力・収集力に乏しい。目が届く国内の特定地域であればともかく，海外市場へのアクセスには困難が伴う[4]。

さらに，グローカルビジネスでは，これらに加えて，商標問題を含めた地域のブランディングなど地域に根付いたビジネスならではの問題も内包している。本研究では，国際経営に関する様々な先行研究を基礎としつつも，これらの問題性を意識しながら考察していく必要がある。

研究プロセスとしては，地域資源を活用した製品・サービスによりグローバル展開を実施している中小企業を予備的にヒアリングするとともに，新聞・雑誌等の記事により320事例をリスト化した。次に，これらの事業内容や事業プロセスを定性的に分析し，地域資源を活用しながら海外に展開している事例について，さらなる企業資料の収集・分析およびヒアリング調査により，共通点の抽出を試みた（**図表2**）。

4 事例の観察

4.1 アジア市場に熊本ラーメンチェーンを広く展開するＡ社

Ａ社（熊本県）は，1972年設立の熊本ラーメンチェーンを運営する企業である。中小企業基本法上の中小企業ではないが，国内チェーン店としてはそれほど大きいものではなく，2017年7月現在，日本国内では83店ほどを構えている。熊本ラーメンは，ニンニクとマー油を入れた濃厚な豚骨のスープに中太麺を合わせた地域独特のラーメンとして独自の進化を遂げた。Ａ社は，こうした地域特有の資源

を活用したビジネスを展開する。1980年代には国内のチェーン網を拡大していったが，国内市場で競争が激化したため海外展開へと舵を切った。1996年には現地資本との提携により香港1号店を出店し，中国本土への進出が始まり，翌97年にはシンガポールにフランチャイズ形態によって出店している。現在，海外では中国を中心に世界13カ国で694店を展開する。出店数が最も多いのは中国本土であり，現地資本のS社とフランチャイズ契約を締結して約650店を展開している。

　順調にもみえるA社のグローバル化であるが，実は1994年に台湾の台北市に合弁で初進出した後，撤退した経験を持つ。この原因は，現地顧客の好みに合わせて，差別化要素であった熊本地域独特のラーメンの味が現地スタッフのアレンジにより変わったことによる。このため，現在では海外店向けのスープや調味料は熊本から出荷し，麺は日本と同じ機械で同じ製法を採る現地の工場から供給する。店ごとに味のブレが出るのを防ぐため，日本から出向している品質専門員らが巡回し，塩分濃度のチェックを行う。一方，メニューは各国のニーズに合わせ，柔軟に構成する。たとえば中国では，ラーメンを単品で食するよりも，多様なメニューのひとつとして注文し，他の料理とあわせて食べるのが一般的であり，焼き鳥やデザートなどラーメン以外のメニューも取り揃えている。

4.2　小規模企業ながら織物の伝統的産地からグローバルに展開するB社

　B社（群馬県）は，従業員8名のニット製マフラーの製造・販売企業である。1907年，3代前の経営者が魚商から機業へと転換し，近隣産地（足利や伊勢崎）の銘仙とは差別化した高級タイプの男性用銘仙の生産を開始する。現在の主力製品であるストール，マフラーの生産を本格的に開始したのは，ドイツから輸入したラッセル機を導入した1950年である。販売チャネルとしては，産地の買継商などを経由せず，当時から東京の百貨店と直接取引していたという。ラジオドラマ「君の名は」が大ヒットした1950年代からストール・マフラー専門となり，国内需要が一服した1960年代からは輸出が中心となった。しかし1970年代の日米繊維交渉後は再び国内市場向けに転換した。

　B社が立地する桐生市は，1738年に京都西陣の織物技術が伝わり，東日本随一の織物産地として発展し，明治時代には輸出用羽二重の生産を手掛けていた。ドビー機やジャカード機を使った先染めの紋編技術が伝統技術として脈々と伝えられてきたほか，経編の一種であるラッセル機を使った刺繍も古くから行われていた。和装帯地などに強みを持った地域であったが，和装が成熟化した後は，洋装などの広幅織物のほか，レース・刺繍，カーテン地やテーブルクロスなど非衣料への転換も盛んである。

　マフラーが単なる防寒具からファッションアイテムへと進化すると，同社のファッション性の高いマフラーへの需要が高まり，国内の有名ブランドのOEM（相手先ブランドでの製造）を手掛けるようになる。1994年にテキスタイルの展示会へ出展したことから，同社の製品がMoMA（ニューヨーク近代美術館）のエージェントの目に留まり，1999年からはMoMAストアと取引を開始，再び海外市場へと踏み出す。同社のマフラーは，MoMAストアで年間1万本以上販売するロングセラー商品となっている。同社は，大正時代から稼働しているラッセル機により表目と裏目が交互に配列されるリブ編みという手法でマフラーを生産しており，桐生という繊維産地で培われた織物技術が生かされている。古い機械で生産スピードは遅いが，網目を柔らかくしてこそ出るマフラーの風合いは，高速機では実現しない。

　他方，同社のマフラーが海外市場でも人気を博しているのは，風合いだけでなく，色鮮やかなデザインが欧米市場に受容されていることが要因でもある。ラッセルマフラーは欧米でも一般的であるが，同

社のマフラーは，デザイン先進国である欧米市場でもデザイン性に優れたものと認知されている。こうしたデザイン力は，海外市場に強い日本の有名ブランドの OEM を手掛けた経験から得たものであるという[5]。

4.3　陶器の伝統技術を活かした新たな製品によりグローバル市場を開拓する C 社

　C 社（石川県）は，1822 年に九谷焼の商家として創業した企業である。当時から，商品の買継だけでなく，絵付け加工も手掛けていたという。明治時代は輸出，戦後は内需中心に九谷焼を販売していた。C 社の手掛ける九谷焼商品が近年になって再び海外で注目されたのは，九谷焼とガラスを特殊な技術によって融合させたハイブリッドなワイングラスを開発したことに始まる。この新商品は，九谷焼の伝統的な色絵の技術を活かした台とステム（脚）の上に，世界的なガラスウェアの老舗 T 社（ドイツ）製のボウル部分を接合したワイングラスである。ワイングラスの機能性と九谷焼の特徴である色の美しさを兼備したワイングラスといえる。当初は，九谷焼のみで製作した陶磁器製ワイングラスを海外の展示会に持ち込んだが，ワインを注ぐ本体のボウル部分が香りや味を引き立たせるワイングラス本来の機能性を備えていないという評価で，市場に受け入れられなかった。そこで，T 社との共同開発に取り組み，香りや味を引き立たせるボウル部分は従来のガラス製とした新たなワイングラスを開発したのである。その後，このノウハウを酒盃にも応用し，日本酒の魅力を最大限に引き出す盃を開発した。現在，国の支援を得ながら，さらなる海外への販路拡大に注力している[6]。

4.4　酒蔵の国際戦略行動の相違～市場の受容性を高める D 社，差別化の E 社，現地化の F 社

　海外でも人気を得ている日本酒も，各地域によって特徴ある商品の代表格である。財務省貿易統計によると，清酒の輸出額は年々伸び，2016 年には約 150 億円と 10 年前に比べ約 1.5 倍となった。人口減少や若者のアルコール離れなどによる国内市場の成熟化の下，日本酒の需要拡大に向け，官民の日本産酒類の輸出促進連絡会議を設置してさまざまな支援策を講じるなど，海外展開を推し進めている。

　寿司など日本食の普及に合わせ，海外市場へと展開する D 社（山口県）は，国内生産にこだわり，原料を厳選しながら杜氏の持つ酒造技術を機械化して品質を安定させ，これが差別化要素となっている。価格は相対的に高めでアジアの一般市場では受容しにくいが，ターゲットは主に欧米の富裕層であり，ワインのように楽しむ日本酒スタイルを提案し，受容されている。2011 年にユダヤ教の教えに照らして飲むことのできる基準である「コーシャー・ライセンス」を取得，2014 年には日本酒に合う料理を出すレストランをパリに出店するなど，欧米や台湾，ドバイなど海外 20 か国以上に販路を広げている[7]。

　E 社（高知県）は，辛口の日本酒産地である同県の有力な酒蔵である。同社では，地元産米による辛口酒を製造し，日本を含めて海外でも近年では甘口の日本酒が比較的好まれ，品評会でも甘口種が入賞するケースが多いところを，敢えて辛口という地域性を前面に出し差別化を図る戦略をとる。一方，日本料理に合わせるのではなく，フランス料理などの食中酒としての消費を想定し，海外市場との同質化を図る。辛口の日本酒の人気が比較的高い欧州を含め海外 20 か国以上に出荷し，輸出額は 6 年間で倍増したという[8]。現在，高知県内の他の酒蔵と共同で海外市場開拓に努めている。こうした努力により，ロンドンからバイヤーが高知を直接訪れるなど高知県産日本酒に対する海外の関心は高まりつつある。

　F 社（奈良県）は，生産においては勘と経験からの脱却という意味で D 社と同様であるものの，ビジ

ネス全体でみれば全く異なる戦略を持つ。具体的には，中国の中間層をターゲットとして日本酒発祥の地のひとつでもある「奈良」のブランドを前面に押し出して，純米吟醸酒を提供する。しかし，日本国内の生産では高価格となり，中国の一般市場では受け入れられない。そこで，1995年に現地法人を設立し，中国の天津で生産し，原料も現地調達する戦略を採る。ただし，品質が維持されるよう，製造ノウハウのデータ化と現地への徹底指導によって日本発の清酒としてのブランドと品質を維持している。コンピューター制御で自動運転する精米機や吟醸酒造りに適した環境を自由に設定できる製麹機を導入，徹底した指導を行う。現在，中国では日本での生産量の6倍程度（約540キロリットル）の生産を誇り，低コスト化により中国国内1,000店以上に販売している。⁽⁹⁾

5 理論的枠組の提示〜異質化と同質化〜

前章で紹介した6つのグローバルビジネス事例における製品・プロセスは多様ではあるが，これらに共通する国際戦略行動の枠組を仮説的に示すと次の2つである。

第1は異質化（Heterogenization）である。異質化の変化軸である異質性とは「二つ以上のものの質が異なること」であり，本研究では顧客（市場）と当該事業と何らかの質が異なることを指す。「異質化」が高いと市場では「珍しい」「特徴ある」，低いと「ありふれている」「特徴がない」と認知される。異質化が適度であれば差別化の強力な要素となるが，過度な異質化は市場の受容性を低めてしまう。経営資源に制約がある中小企業のグローバルビジネスでは，量産化や標準化によってコスト・リーダーシップをとることは困難であり，差別化集中が主要な競争戦略となる。このとき，差別化要素として希少性と模倣困難性を有する地域資源を活用することで異質化を図り，現地競合事業との差別化を実現する。また，市場戦略に弱さを抱える中小企業の場合，地域資源という特徴を前面に押し出したコンセプトメイクと発信が重要となることも，各事例に共通している。

第2は同質化（Homogenization）である。同質化の変化軸である同質性は「二つ以上のものの質が同じであること」を指し，本研究では顧客（市場）と当該事業と何らかの質が同じであることを意味する。「同質化」が高ければ市場に「共感する」「受け入れやすい」と認知され，低ければ「共感しない」「受け入れられにくい」と認知される。「同質化」は，高い製品・サービスを受容可能にするためにターゲット市場の価値へと調整していくプロセスであり，市場の受容性を高めるが，過度な市場への同質化はコストアップを招く。異質化を強化すれば同質化の程度は減少し，市場の受容性が低くなる一方，同質化を強化すれば異質化の程度は減少し，市場の受容性は増すが特徴は出しにくくなる。⁽¹⁰⁾異質化要素と同質化要素との組み合わせに留意しながら相互に調整し，差別化を維持しながら市場の受容性をも高めることが重要となる（**図表3**）。

異質性と同質性は両立しないわけではない。ひとつのビジネス（製品・サービス）の中の要素は多様であり，異質化が機能する要素，同質化が機能する要素を見つけ出し，それぞれ異質化，同質化を図ることによって両立が可能である。たとえば，熊本ラーメンのA社では，ラーメン発祥の台湾や中国本土では受け入れられる土壌があるが，競争は激しいため，熊本独自の発展を遂げた地域資源でもある豚骨スープの味で異質化を図る。たしかに，熊本独自の豚骨スープは台湾や中国本土では，少なくとも進出当時は塩辛く感じられて受容され難かった。このため，当初の台湾進出では，受容されやすくするため

図表3　異質性と同質性のトレード・オフ　　図表4　異質性と同質性のバランス・同時達成

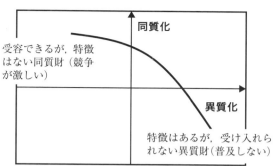

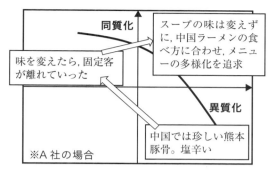

（出所）筆者作成　　　　　　　　　　　　　　　　（出所）筆者作成

の味の変更（同質化）が行われた。しかし，これが異質化までも減殺し，差別化による競争優位が失われてしまったのである。これを修正し，豚骨スープの味を堅持することで異質化を堅持する一方，メニュー構成を現地のニーズに合わせて柔軟に取り揃えることにより同質化する戦略を採った（**図表4**）。

マフラー製造のB社の場合には，桐生という国内有数の繊維産地で培われた伝統的な技術（地域資源）を用い，編み目を柔らかくして風合いを前面に出したマフラーによって，ファッション先進地である欧米の市場の中で異質化を図った。一方，高級ブランドのOEMで蓄積された経験とセンスによって，海外市場に受容されるカラフルなリブ編みマフラーを生み出し，異質化と同質化との両立を図っている。また，九谷焼のC社は，内需中心で推移した九谷焼の再輸出をめざし，九谷焼の特徴である派手な絵柄で異質化を図りながら，それをワイングラスに融合させて実用性を維持し，同質化を図ったことが海外市場でも注目される要因となったと分析できる。

さらに，酒蔵3社それぞれの海外戦略行動では，D社は欧米を中心とした富裕層をターゲットとして，「ワインのように楽しむ」日本酒スタイルを提案（同質化）しながらも，国内生産，原料厳選，高価格維持（異質化）によって競争力を発揮する。E社は，海外が受容しにくい地元産米による辛口酒で敢えて海外市場にチャレンジ（異質化）し，受容させるためにフランス料理の食中酒としての使用を想定（同質化）して販売している。他方，F社は，清酒を中国で生産して価格面での受容性（同質化）を高めるとともに，データ化や現地への徹底的な指導によって日本発の清酒としてのブランドや品質を維持（異質化）しながら，中国国内の他の酒類との競争に向き合っている。

6　先行研究の枠組との比較および本研究の位置づけ

本稿で示した，グローカルビジネスにおける枠組は，先行研究で示されている大企業を中心としたグローバル市場のフラット化に着目した標準化と現地適応化との両立を検討する枠組とは異なる。グローカルビジネスにおいては，差別化を図るための「異質化」と，市場の受容性を高めるための「同質化」との両立を検討する枠組が有効となる。なぜなら，経営資源に制約があり，交渉力にも市場戦略にも困難性を抱える中小企業が中心のグローカルビジネスの場合には，規模の経済性などを働かせて効率化を図る「標準化」の重要性は相対的に小さくなる反面，差別化の源泉たる地域資源を活用し，差別化戦略による競争力の確保が重要となるからである。

また両者の差異の源泉は「現地適応性」という概念をどのように捉えるかにある。すなわち，市場との差異（いわゆる「CAGE」など）を埋めることを「現地適応性」というのか，特定の地域資源を差別化要素として競争優位を確立することも「現地適応性」に含めるのかという問題である。この点，Ghemawat（2007）は前者に近く，各市場の差異に対する適応・集約・裁定（AAA）を中心的課題としており，「異質化」は現地適応性に包含することはできない別の概念と捉えることが可能となる。本研究はこの立場に立つ。他方，Porter（1986）のいうコスト・リーダーシップをとる企業の場合，標準化自体が競争戦略のひとつとみることができ，「現地適応性」に包含される。国際的な標準化を達成することによりコストを下げ，現地市場への適応性を高める戦略行動とみることが可能となるからである。結果，標準化も現地適応化の中に包含されることにより標準化と現地適応化とのバランス・同時達成という概念自体不明瞭になり，結局は「現地適応性」を高めることのみが最終目的としてクローズアップされることになってしまう。他方，特定の地域資源が重要な意味を持つグローカルビジネスでは，地域資源由来の「異質化」を堅持しつつ，各市場の差異に対する「現地適応性」をいかに高めるかが焦点となるのである。

図表5　グローバル化理論の比較と本研究の位置づけ

類　　型		グローバル化の意味	主な理論的枠組	主な先行研究
大　企　業	国内大企業⇒グローバル企業	本拠地の国内でもリーダーで競争優位を有し，経営資源も豊富な規模の大きい企業のグローバル化	・本国に賦存する経営資源（地域資源に限らない）を活用し，異質性ある市場に対し，標準化と現地適応化とのバランスをいかに図っていくか	Bartlett & Ghoshal（1989）Ghemawat（2007）根本（2004）など
ボーングローバル企業（BGC）	創業⇒グローバル企業	独自の技術的能力を源泉とした差別化による創業間もない企業の急速なグローバル化	・どのように希少な経営資源の有効利用を図っていくか ・どのように国際的な企業家志向性（IEO）を発揮するか	Knight（2001）Freeman et al.（2006）など
グローバル・ニッチトップ（GNT）	国内ニッチトップ⇒GNT	特定の商品または技術において，世界のトップグループのポジションをめざすグローバル化	・自社の規模に適合した異質性ある市場（ニッチ市場）にいかにアプローチしていくか	Simon（2009）難波・鈴木・福谷（2013）古田ほか（2008）など
革新的中小企業	革新的中小企業⇒グローバル中小企業	蓄積した技術を開発の源泉とする技術・製品開発型中小企業のグローバル化	・先行開発または差別化した製品・サービスで，いかにデファクト標準を獲得するか	土屋・金山ほか（2015）
グローカルビジネス（企業）	ローカルビジネス⇒グローカルビジネス	地域資源を差別化要素として，国内の特定地域をターゲット市場としてきたビジネスのグローバル化。中小企業が主体	・地域における独自の資源（地域資源）によって特徴を付与された製品・サービスを，地域資源を差別化要素として異質化しながら，一方でいかに同質化して市場に受容されるか	本研究

（出所）筆者作成

　さらにこの枠組は，国際的企業家志向性（IEO）に重点を置くBGCの理論，自社の規模に適合した異質性ある市場（ニッチ市場）にいかにアプローチしていくかといったGNTに関する理論，さらには土屋・金山ほか（2015）によって示された「差別化」と「標準化」という革新的中小企業での枠組とも異なる。ただし，これら先行的な理論的枠組は完全に別物ではなく，枠組相互の相違は，どのような企業類型であれば何を重視すべきかといった「戦略の重点」の相違に由来するにすぎないと考える（**図表5**）。

7 結 論

　本稿では，グローカルビジネス特有の国際戦略行動の枠組を仮説として示した。すなわち，グローカルビジネスにおいては，地域資源によって特徴を付与された製品・サービスを，海外市場においても差別化要素として異質化しながら，一方で同質化して市場に受容されることが重要となる。異質化を強化すれば同質化の程度は減少し，市場の受容性が低くなる一方，同質化を強化すれば異質化の程度は減少し，市場の受容性は増すが特徴は出しにくくなる。経営資源に制約があり，交渉力にも市場戦略にも困難性を抱える中小企業が中心の「グローカルビジネス」の場合，差別化の源泉たる地域資源を活用し，差別化戦略によって競争力を確保するため，異質化と同質化を相互に調整し，差別化を維持しながら市場の受容性をも高めることが重要となるという枠組を提示したのである。

　本稿では，グローカルビジネス特有の国際戦略行動について定性的な分析によって理論的枠組を仮説的に提示したに過ぎない。今後は，アンケート調査などを用いて定量的な実態把握を行うとともに，さらなるヒアリング調査を実施して，理論的枠組の精緻化を図ることなどが課題として残されている。また，単なる国際的取引ではなく，地球規模での統合であるという「グローカル」の趣旨を踏まえたビジネスの特性や戦略プロセスについても，研究対象が中小企業主体であり，漸進的にグローバル化を進めていくという特性に留意しながら研究を深めていく必要がある。加えて，現時点では製品・サービスの市場への受容と競争優位というマーケティングの課題に対応した枠組にとどまっており，今後，研究開発や生産面，人的資源管理やロジスティクスなどへと領域を拡大し，「グローカルビジネス・マネジメント」の確立に向けた研究を進めていかなくてはならない。

　地域資源という固有の差別化要素を維持しながらも同質化要素については地域ごとに対応していく「現地適応化」を図っていくのか，それとも各国の共通項に着目して「標準化」を図っていくのかといった先行研究との融合も検討課題である。商標問題を含めた地域のブランディングなどの問題やグローカルビジネスが自社や地域にもたらす多面的な効果など，地域性に由来する要素も十分に検討できなかった。より一層，事例を丹念に分析しながらこれらを解明していく必要があると認識している。

【謝辞】
本研究は JSPS 科研費 JP17K03970 の助成を受けたものである。また本稿は，日本マネジメント学会第76回全国研究大会における研究発表をもとに加筆・修正したものである。発表の際に，司会の佐藤一義先生，コメンテータの大野和巳先生および会場の参加者から多面的なアドバイスを頂戴した。また，匿名の査読者の方からも貴重なご助言をいただいた。感謝申し上げる。

〈注〉
(1) たとえば，中小企業庁『中小企業白書』2016 年版によれば，規模別に見た直接輸出企業数（製造業）は，2001 年 4,342 社から 2013 年 6,397 社と増加している。中小企業庁（2017）p.168 参照。
(2) ここでの「グローカルビジネス」とは，特定の地域資源（ローカル）を活用したグローバル市場への展開を図るビジネスを指し　国際経営の先行研究における「グローカル」とは異なる。たとえば，諸上ほか（1996）では，経営資源分散度が高く，かつグローバル政策調整度も高い経営を「グローカル」と呼んでいる。諸上・根本（1996）p.16 参照。
(3) この点，遠原（2012）は，国際化の初期段階にある中小企業が多いこと，国際化している中小企業が，そうでない中小企業と比べ比較的良好なパフォーマンスを示していることを挙げる。
(4) こうした一連の中小企業が抱える困難性については，中小企業の問題性として知られている。たとえば，渡辺・小川ほか（2013）に詳しい。

(5) B社に対してヒアリング調査を実施した。2015年9月1日，非構造化インタビューによる。

(6) C社に対してヒアリング調査を実施した。2015年7月5日，非構造化インタビューによる。

(7) D社に対してヒアリング調査を実施した。2015年6月5日，非構造化インタビューによる。

(8) E社に対してヒアリング調査を実施した。2017年9月28日，非構造化インタビューによる。

(9) F社に対して電話によるヒアリング調査を実施した。2016年2月19日，非構造化インタビューによる。

(10) 異質化と同質化がそれぞれ独立の変数（軸）として成立させることは，多国籍企業において対人関係，企業間提携の分野では同質性と異質性の両方に着目した冨田（2006）の研究に着想を得たものである。

(11) ただし，異質化を維持するための標準化も必要となる。たとえばA社のケースでは多店舗展開する際には標準化も重要であったと指摘されている。異質化，同質化と標準化との関係は別稿に譲りたい。

〈参考文献〉

安部悦生編著（2017）『グローバル企業　国際化・グローバル化の歴史的展望』文眞堂。

天野倫文（2010）「新興国市場戦略の諸観点と国際経営論—非連続な市場への適応と創造—」国際ビジネス研究学会編『国際ビジネス研究』第2巻第2号，pp.1-21。

上杉富之（2009）「『グローカル研究』の構築に向けて—共振するグローバリゼーションとローカリゼーションの再対象化」『日本常民文化紀要』第27輯，pp.43-75。

臼井哲也・内田康郎（2012）「新興国市場戦略における資源の連続性と非連続性の問題」国際ビジネス研究学会編『国際ビジネス研究』第4巻第2号，pp.115-132。

恩田守雄（2002）『グローカル時代の地域づくり』学文社。

太田正孝・佐藤敦子（2013）「異文化マネジメント研究の新展開とCDEスキーマ」国際ビジネス研究学会編『国際ビジネス研究』第5巻第2号，pp.107-120。

川端基夫（2016）『外食国際化のダイナミズム—新しい越境のかたち—』新評論。

駒形哲哉（2014）「中国企業，中国市場といかに関わるか—日本の中小企業の選択—」日本中小企業学会『アジア大の分業構造と中小企業（日本中小企業学会論集33）』同友館，pp.3-14。

高知新聞社（2016）「辛口土佐酒が国内外で好評」 https://www.kochinews.co.jp/article/69301/ （2017年9月30日参照）。

C社（2012）『伝統的工芸品産業事業者の魅力を伝える 知的資産経営報告書』。

新宅純二郎（2011）「新興国市場開拓に向けた日本企業の課題と戦略」渡部俊也編『グローバルビジネス戦略』白桃書房，pp.79-101。

中小企業基盤整備機構（2009）「中国で成功させた日本酒づくり」『中小企業国際化支援レポート』平成21年版（上），pp.18-19。

中小企業庁（2017）『中小企業白書』2016年版。

丹下英明（2012）「新興国市場を開拓する中小企業のマーケティング戦略—中国アジア市場を開拓する消費財メーカーを中心に—」日本中小企業学会編『中小企業のイノベーション（日本中小企業学会論集31）』同友館，pp.133-145。

丹下英明（2013）「消費財中小企業の海外市場開拓—欧州流通業者のニーズと中小企業のマーケティング戦略—」日本政策金融公庫総合研究所『日本政策金融公庫論集』第21号，pp.27-47。

土屋勉男・金山権・原田節雄・高橋義郎（2015）『革新的中小企業のグローバル経営—「差別化」と「標準化」の成長戦略—』同文舘。

遠原智文（2012）「企業の国際化理論と中小企業の国際化戦略」額田春華・山本聡編著『中小企業の国際化戦略』同友館，pp.10-28。

冨田健司（2008）「戦略的提携における異質性と同質性のマネジメント—探索段階のチーム間提携に着目して—」公益財団法人 医療科学研究所『医療と社会』Vol.17 2007–No.1，pp.113-124。

中村久人（2013）『ボーングローバル企業の経営理論』八千代出版。

難波正憲・鈴木勘一郎・福谷正信（2013）『グローバル・ニッチトップ企業の経営戦略』東信堂。

日経BP社（2009）「隠れた世界企業　B社」『日経ビジネス』2009年1月26日号，pp.56-57。

日経BP社・日経ビジネスONLINE（2009）「東京飛び越え中国でブレイク！」 http://business.nikkeibp.co.jp/article/pba/20090123/183716/ （2017年9月27日参照）

日本経済新聞社（2010）「A社，熊本の味，世界が舌鼓，中国新工場に"秘伝"」日経MJ『流通新聞』2010年4月9日付，1面。

日本経済新聞社（2017）「熊本ラーメン，独自の進化」『日本経済新聞』朝刊 2017 年 7 月 29 日付，34 面。

根本孝編著（2004）『グローカル経営—国際経営の進化と深化—』同文舘。

古田武・寺川眞穂・小林敏男（2008）「事業展開と存続—グローバル・ニッチ戦略の重要性」大阪大学経済学会『大阪大学経済学』第 58 巻第 3 号，pp.1–19。

諸上茂登・根本孝編著（1996）『グローバル経営の調整メカニズム』文眞堂。

山本聡・名取隆（2014）「国内中小製造業の国際化プロセスにおける国際的企業家志向性（IEO）の形成と役割—海外企業との取引を志向・実現した中小製造業を事例として—」日本政策金融公庫『日本政策金融公庫論集』第 23 号，pp.61-81。

渡辺幸男・小川正博・黒瀬直宏・向山雅夫（2013）『21 世紀中小企業論—多様性と可能性を探る—（第 3 版）』有斐閣アルマ。

Adler, N. J. (1991) *International Dimension of Organizational Behavior*, PWS-KENT Publishing Company.（江夏健一・桑名義晴監訳（1996）『異文化組織のマネジメント』セントラル・プレス。）

Bartlett, C.A. and S. Ghoshal (1989) *Managing Across Borders: The Transnational Solution*, Harvard Business School Press.（吉原英樹訳（1990）『地球市場時代の競争戦略—トランスナショナル・マネジメントの構築—』日本経済新聞社。）

Doz, Y., Santos, J. and P. Williamson (2001) *From Global to Metanational: How Companies Win in the Knowledge Economy*, Boston: Harvard Business School Press.

Freeman, S., Edwards R. and B. Schroder (2006) "How Smaller Born-Global Firms Use Networks and Alliances to Overcome Constraints to Rapid Internationalization," *Journal of International Marketing*, 14 (3), pp.33-63.

Ghemawat, P. (2007) *Redefining Global Strategy: Crossing Borders in a World Where Differences Still Matter*, Harvard Business School Press.（望月衛訳（2009）『コークの味は国ごとに違うべきか』文藝春秋。）

Hampton, G. M. and E. Buske (1987) "The Global Marketing Perspective," *Advances in International Marketing*, Vol.2, JAI Press, Greenwich, pp.259-277.

Hofstede, G. (1991) *Cultures and Organizations : Software of the Mind*. McGraw-Hill, New York.（岩井紀子・岩井八郎訳（2013）『多文化世界』有斐閣。）

Knight, G.A. (2001) "Entrepreneurship and Strategy in the International SME," *Journal of international management*, 7 (3), pp.155-171.

Perlmutter, H.V. (1969) "The Tortuous Evolution of the Multinational Corporation," *Columbia Journal of World Business*, Vol. 4, Issue 1, pp.9–18.

Porter, M.E., and H. Takeuchi (1986) "Three Roles of International Marketing in Global Strategy," Porter, M.E., *Competition in Global Industries*, Harvard Business School Press, Chapter 4.（土岐坤・中辻万治・小野寺武夫訳（1989）『グローバル企業の競争戦略』ダイヤモンド社。）

Simon, H. (2009) *Hidden Champions of the 21st Century: Success Strategies of Unknown World Market Leaders*, Springer.（上田隆穂監訳（2010）『グローバルビジネスの隠れたチャンピオン』中央経済社。）

Usunier, J. and J.A. Le (2013) *Marketing across cultures 6th*, Pearson, London, Jan. 2013.（小川孔輔．本間大一監訳（2011）『異文化適応のマーケティング』ピアソン桐原。）

A Study on Glocal Business Management by Small and Medium-sized Enterprises (SMEs) : Perspective of Analysis and Theoretical Framework in International Strategic Behavior

Meiji University
OKUYAMA Masayuki

ABSTRACT

In this research, business that exploits regional resources and expands into the global market is regarded as a "glocal business," and the research aims to present a framework of both unique and common international strategic action there. A hypothetical framework was presented by listing the glocal business and collecting and interviewing typical case examples. That framework involves "heterogenization" and "homogenization."

If heterogeneity is moderate it will be a powerful element for differentiation, but excessive heterogeneity will lower market acceptability. On the other hand, homogenization increases market acceptability, but excessive homogenization leads to diversification and complication.

Heterogenization and homogenization affect each other. If heterogeneity is strengthened, the degree of homogenization decreases and the market acceptability decreases. On the other hand, if the homogenization is strengthened, the extent of heterogeneity decreases and the market acceptability increases but differentiation becomes difficult. Therefore, it is important to adjust the heterogeneity and homogeneity mutually, to enhance the market acceptability while maintaining differentiation.

研究論文

ステイクホルダー論に基づく分析の枠組みを用いた事例研究®
── CSR における社会性と経済性をともに達成するプロセス解明のために ──

東洋大学大学院生　世良　和美

キーワード

社会性　　経済性　　ステイクホルダー論　　戦略論　　ケーススタディ

1　背景と問題意識

　企業が，社会性と経済性をともに追求しようと志向することは，戦略的 CSR（Corporate Social Responsibility，以下 CSR），共通価値の創造（Creating Shared Value，以下，CSV）等のテーマのもと，学界及び経済界においても盛んに議論されている。もはや，社会性と経済性が背反するとの過去のロジックを乗り越えて，これを企業戦略レベルで如何に達成していくか，という議論の段階を迎えていると言えよう。例えば，戦略的 CSR では，どのような社会課題に，本業を通じてどのように取り組んでいくのか，CSV では，企業と社会との共通の価値をどのように創造していくのか，といったプロセスの解明が，学術的にも実務的にも望まれるであろう。

　しかし，プロセス解明に必要な理論的基盤は，戦略的 CSR 論や CSV においても明確に定まっているとは言えず，戦略論等の経営諸理論を取り入れながら議論されている状況にある。また，経営諸理論に基づいて，具体的に企業や外部環境の状況，変化を描写し，両者の相互依存関係について詳細に分析することによって，社会性及び経済性が，なぜ，どのように達成されていくのかといったプロセスを解明していくといった研究の蓄積も，未だ十分ではない。

　そこで筆者は，社会性と経済性をともに達成していくプロセスを分析するための理論的基盤として，CSR 論の理論的中核を担ってきたステイクホルダー論に着目し，検討を進めてきた。本稿は，その一環として，ステイクホルダー論をベースに戦略論を加えた分析の枠組みを用い，企業及び外部環境の状況や変化を描写し，両者の相互依存関係や，社会性と経済性の達成プロセスについて事例研究を行ったものである。

2　先行研究

2.1　ステイクホルダー論の理論展開

　ステイクホルダー論とは，企業が様々な利害関係者（ステイクホルダー）に取り囲まれていることを前提とし，企業の活動はステイクホルダーとの相互作用であり，企業の存続のためにステイクホルダーを管理するとともに，企業の社会的影響力を考慮してステイクホルダーへ配慮した経営を行うことを主張した議論である。ステイクホルダーとは，Freeman（1984）によれば，狭義には「その支援がなければ

組織が存在を停止してしまうようなグループ」であり，株主，従業員，顧客，サプライヤー，債権者等が挙げられている。広義には「組織の目標の達成に影響を及ぼすことのできる，また影響を被るグループ・個人」であり，環境活動家，消費者団体，メディア，政府等が挙げられている。

ステイクホルダー論の理論展開は，Donaldson 他（1995）によれば，規範的（Normative）・技術的（Instrumental）・記述的（Descriptive）と 3 つのレベルに整理できる。

規範的レベルでは，道徳的・哲学的考察を含みながら，ステイクホルダー概念の考察と，ステイクホルダーの認識，その利害の分析や対処方法等が議論の中心となる。技術的レベルでは，経験的データを用いた実証研究が行われ，特に，社会業績（CSP：Corporate Social Performance）と経済業績（CFP：Corporate Financial Performance）の相関関係が，主要な論点となる。これらに対し，記述的レベルとは，理論を特定の企業で記述して説明しようとするものであり，事例研究を中心とする。

ステイクホルダー論が，科学理論として完成されるためには，規範的レベルの主張について，因果関係とその理由が論理的・整合的に説明される必要がある。そこで，そのような試みの一つとして，技術的レベルの研究が盛んに行われた。

技術的レベルの研究においては，高い CSP が高い CFP をもたらすことについて，弱い正の相関が報告されている段階である（Margolis 他，2007，2009：Peloza，2009 等）。日本では，岡本（2015）が，アンケート調査と財務データをもとにした統計解析の 5 年後，10 年後，20 年後の検証を行い，「高 CSP かつ高 CFP 企業が財務業績を悪化させる確率は，低 CSP かつ高 CFP 企業よりも低い」「高 CSP かつ低 CFP 企業が財務業績の低迷を続けず／財務業績を回復させる確率は，低 CSP かつ低 CFP 企業よりも高い」といった結果を得，「業績の悪い企業が業績回復をしていく時，社会性が必要であり，社会性が低いと業績低迷の確率は高くなる」とした上で，「社会性は高業績にとっての十分条件とは言えないが，少なくとも必要条件ではある」といった結論を導いている。このように，技術的レベルの研究で多数の知見が蓄積されているものの，高 CSP が高 CFP をもたらすといった因果関係や，高 CSP と高 CFP をともに達成するための道筋は，未だ明らかになっていない。ステイクホルダー論は，Key（1999）が「プロセスを説明する文脈や因果律のない"理論"は，理論の要件を満たしているとは言い難い」と指摘したように，未だ理論としての完成途上にあるとも言えよう。こうして，技術的レベルの研究においてマクロレベルの知見が蓄積されていくように，今後は記述的レベルの研究においてミクロレベルでの知見を蓄積し，理論を補完していく必要があるだろう。

2.2　記述的レベルの手法

記述的レベルの手法について，分析の視点，依拠する理論，記述内容等を整理する。

記述的レベルの手法は，事例研究を通じて，企業及び外部環境の状況や変化を描写し，両者の相互依存関係について検討するといった方法が中心となる。

まず，分析の視点であるが，Steurer（2006）は，ステイクホルダー論を再整理し，規範的・技術的・記述的レベルについてそれぞれ，3 つの分析視点（企業，ステイクホルダー，概念）が見られるとし，類型化した。そして，記述的レベルの場合，企業の視点では，ステイクホルダーに関する企業の特徴と行動に焦点が置かれ，企業は実際にどのようにステイクホルダーを扱うかが問われる。また，ステイクホルダーの視点では，企業に関するステイクホルダーの特徴と行動に焦点が置かれ，ステイクホルダーは

何を期待し，何を主張するかが問われるとした。

　続いて，依拠する理論であるが，Jawahar 他（2001）は，記述的ステイクホルダー論を提起するために，組織のライフサイクル理論，資源依存理論，プロスペクト理論，およびステイクホルダー管理戦略を統合している。Jawahar 他の分析は，企業に視点を当てたものであるが，組織のライフサイクル理論に基づいて，企業をスタートアップ（Start-up Stage），新興成長（Emerging Growth Stage），成熟（Mature Stage），衰退／移行（Decline/Transition Stage）の 4 つのステージに区分して記述していくことを提唱している。また，資源依存理論に基づき，各々のステージで企業がどのステイクホルダーの資源にどの程度依存しているかを指摘し，プロスペクト理論は，企業が資源配分の決定を行うための判断基準を提供すると述べている。その上で，ステイクホルダー管理戦略を示し，企業は，ライフサイクルの各段階で，重要なステイクホルダーが異なること，次の段階へ進展するにつれ，別のステイクホルダーの重要度が増してくること，各段階で重要となるステイクホルダーに応じた戦略を展開することを提唱している。

　次に，記述内容であるが，企業については，その行動を，経済性の面だけでなく社会性の面（企業のCSR 活動等）からも記述するほか，経営陣（CEO，取締役会等）の構成や影響力を確認したもの（Godos 他，2011），従業員への影響や（Bolton 他，2011），組織文化等の無形資産（Surroca 他，2010）の重要性を指摘したもの等が見られる。一方で，ステイクホルダーについては，掘り下げることなくその属性と行動を単一的に記述したものが比較的多い。この点は，高岡他（2003）の指摘する通り，画一性（ステイクホルダーグループ内の構成者を同質と一括りにする）・連関性（ステイクホルダー間の繋がりを捉えていない）・静態性（ステイクホルダーの変化を捉えていない）等，ステイクホルダー論の課題でもある。

　また，企業は外部環境との間で相互依存関係にあり，その行為は動的に捉える必要がある（Thompson，1967）との立場を採るならば，ステイクホルダー論に加え，他の経営諸理論を用いて，企業及び外部環境の状況や変化を描写し，両者の相互依存関係について詳細に分析していく必要があると考えられる。

3　分析の枠組み

　上述の先行研究を踏まえ，本稿では，事例研究を通じて，企業及び外部環境の状況や変化を描写し，両者の相互依存関係について検討していくこととした。

　まず，Polonsky（1995）の分析の枠組みで，時系列での事象を整理し，企業の行動・業績，関係するステイクホルダーとその利害を概観する。次に，Jawahar 他（2001）の分析の枠組みで，組織のライフサイクル理論に基づき，企業のライフサイクルに応じて 4 ステージに区分し，事象を整理した上で，各段階で重要なステイクホルダーを特定していく。また，資源依存理論に基づき，各ステージで企業がどのステイクホルダーの資源に依存しているかを指摘する，といった分析の枠組みを設定した。続いて，Savage et al.（1991）の分析の枠組みで，ステイクホルダーの変化の整理を行い，ステイクホルダーを，脅威／支援の可能性の観点から分類し，その変化を把握していく。ステイクホルダー論においては，多様な分析手法があるため，これら各種のフレームワークを活用しながら焦点を絞っていくこととした。その際，Steurer（2006）の挙げた企業の視点とステイクホルダーの視点の双方で検討を行うよう留意した。なお，組織のライフサイクルに沿って記述していくが，現存する企業の創業期から衰退期までをカバーすることは困難であるため，企業単位ではなく，事業単位でのライフサイクルの記述を試みた。

さらに本稿では，戦略論の視点を取り入れることとした。組織をオープンシステム（Thompson, 1967）と捉え，資源依存理論に基づき，ステイクホルダーとの間でのインプットとアウトプットを分析していく。具体的には，企業の視点から，記述対象とする事業に対して社会の及ぼす影響とともに，外部環境からのインプットと，そこから生み出されるアウトプット，そして，望ましいアウトプットを生み出す行為手段であるテクノロジーを記述していく。ステイクホルダーの視点では，企業に関するステイクホルダーの行動を記述する。その際，ステイクホルダーの画一性，連関性の課題に配慮しつつ，その変化を動態的に捉えていく。以上の分析を行った上で，結果を考察し，ステイクホルダー管理戦略へと検討を進める。

本稿では，企業は外部環境との間で相互依存関係にあり，その行為は動的に捉える必要があるとするThompson（1967）に基づいているが，これは，こうした企業観が，ステイクホルダー論，つまり，企業と社会との関係を論じる立場であることとの整合性の面から，適切と考えたためである。Thompsonは，一般的には組織論に位置づけるべきであろうが，組織論をベースに戦略論が発達してきていることや，彼の議論が多分に戦略論的な性格を帯びていると考え，採用した。

事例としては，トヨタ自動車のハイブリッド車事業を選定した。CO_2削減によって地球温暖化問題に対応するとの社会性と，同社の最多販売車種としてプリウスが経済性の面でも大きく貢献するなど，社会性と経済性をともに追求している事例と考えるためである。情報源としては，書籍，新聞記事，トヨタの公開情報，Web サイト等といった二次情報を利用した。

4 事例研究

まず，ステイクホルダー論に基づき分析していく。

Polonsky（1995）のフレームワークに従い，企業の主な行動・業績，その時点で関係してくるステイクホルダー，そして彼らの利害について，時系列で整理した（**図表 1**）。

トヨタのハイブリッド車事業は，1992 年，同社の業績が悪化した頃，「21 世紀の車作りを」というプロジェクトに端を発しているという。この頃の重要なステイクホルダーとしては，株主，債権者が挙げられる。彼らには，業績悪化による損失という利害が存在していた。1993 年に，21 世紀の車作りのテーマを「安全と環境」に絞り込み，燃費目標 1.5 倍を掲げた頃，重要なステイクホルダーとしては，従業員，特に技術者が挙げられる。彼らには，このプロジェクトを通じて，理想的な車作りを通じたモチベーション向上を狙うとともに，開発負担もかかるといった利害が生じることとなる。1997 年 12 年に，ハイブリッド車プリウスが発売された。市販に際して，ステイクホルダーの一つであるサプライヤーには，要素技術の開発負担とともに新たな商機も生まれている。また，日本政府は，クリーンエネルギー車導入施策への現実的な解を獲得するとともに，COP3 京都会議（1997 年 12 年）への注目を集め成功裡に開催させることができた。その後，消費者が，優遇税制のメリットを享受したり，環境活動家が環境対応姿勢のアピール手段として購入するようになった。特に，ガソリン価格が高騰した際は，消費者が，燃費節減メリットを享受できた。2017 年 1 月に，トヨタのハイブリッド車は，累計 1,000 万台を突破している。

こうして事実関係とステイクホルダーの利害を整理した上で，Jawahar 他（2001）のフレームワーク

でさらに分析を進めた。先ほどの事象の整理に加えて，組織のライフサイクルに応じた整理を行った。具体的には，スタートアップ，新興成長，成熟，衰退／移行の4つのステージに分け，各ステージで重視されるステイクホルダーの保有する資源を確認した。

まずスタートアップ期，事業発足・技術開発の時代で重要なステイクホルダーは，株主，債権者であった。彼らは，組織の生存のために不可欠な資金等の資源を保有している。また従業員も，事業実現のための人的資源を保有している。開発，量産へと進むにつれて重要度を増してくるサプライヤーは，要素技術確立のための資源を保有している。プリウスが発売された1997年以降の新興成長期には，政府が，ハイブリッド車への理解と普及を促進するための資源を保有している。プリウスの販売が海外へと拡大した2000年の成熟期以降では，消費者は大量普及のための，政府は税制優遇による消費者獲得のための，環境活動家は環境対応姿勢訴求のための資源を保有した，重要なステイクホルダーであったと整理した。

さらに，Savage et al.（1991）のフレームワークで，企業にとってのステイクホルダーの位置づけとその変化を見ていく（**図表2**）。Savageは，企業にとってのステイクホルダーを，縦軸：潜在的な支援の可能性の高低，横軸：潜在的な脅威の可能性の高低，との軸で，4象限に分類した。企業にとって一番望ましいのは，タイプⅠの支援が高く脅威が低い，支援的ステイクホルダーであるという。

当事例でも，時系列での事象整理の結果を4象限に分類すると，新興成長〜成熟期において，政府の

図表1　Polonsky（1995）及び Jawahar 他（2001）に基づく分析（事象とステイクホルダーの整理）

年	企業の主要な行動・業績*（トヨタの事例）	ライフサイクル**（ステージ）	重要なステイクホルダー*	ステイクホルダー側の利害**	ステイクホルダーの保有する資源**	資源配分の枠組とステイクホルダー戦略**
1990	1992　業績悪化，「21世紀の車を」1993　G21プロジェクト発足「安全と環境」テーマ，燃費目標1.5倍1994　テーマ「資源と環境」に燃費目標2倍ハイブリッド方式浮上同時並行開発	スタートアップ（Start-up）	株主，債権者	業績悪化による損失	組織の生存のための資源	「損失」の枠組み1次SH：積極戦略2次SH：防衛や反動リスク戦略
			従業員	技術者のモチベーション向上と開発負担	事業実現のための資源	
1995	1995　ハイブリッド方式絞込プリウス，東京MS出展発売目標時期を97年12月に1997　奥田社長，97年末の市販を発表12月，プリウス発売1998　量産体制強化1999　原価低減・商品性改善	新興成長（Emerging Growth）	サプライヤー	要素技術の開発負担と新たな商機	技術確立のための資源	「利益」の枠組み債権者，従業員，サプライヤー，業界団体：積極戦略株主，顧客，政府，地域社会，環境団体：リスク回避戦略
			政府	クリーンエネルギー車施策（95）COP3京都会議（97.12）への注目公用車への導入	ハイブリッド車への理解と普及の促進	
2000	2000　欧米販売開始2003　2代目プリウス発売	成熟（Mature）	消費者	優遇税制メリット享受ガソリン価格高騰（07-）時の燃料費節減	大量普及のための資源	「利益」の枠組み全SH：積極戦略リスク回避戦略
			政府	資源エネルギー・環境問題対策の促進	税制優遇による消費者獲得のための資源	
2005	2009　3代目プリウス発売		環境活動家	環境対応姿勢アピール手段の獲得	環境対応姿勢訴求のための資源	
2010	2010.9　プリウス200万台突破2011.3　プリウス300万台突破					
2015	2017.1　ハイブリッド車1,000万台					
		衰退／移行（Decline/Transition）				「損失」の枠組み1次SH：積極戦略2次SH：防衛や反動リスク戦略

（出所）* Polonsky（1995），** Jawahar 他（2001），木野（2009），新聞記事，トヨタの公開情報，Webサイト等を参考に，筆者作成

図表2 Savage et al.（1991）のフレームワークによるステイクホルダーの変化

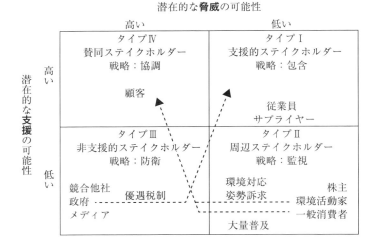

（出所）Savage et al.（1991）をもとに筆者作成

施策が，ハイブリッド車への理解と普及を促進し，税制優遇による消費者獲得を促進していた。これは，SavageがタイプⅢ非支援的ステイクホルダーに位置づけた政府が，タイプⅠ支援的ステイクホルダーへと変化したものと考えられる。また，成熟期において，SavageがタイプⅡ周辺ステイクホルダーに位置づけた環境活動家や一般消費者が，数多くユーザーつまり顧客に変化する過程で，環境対応姿勢の訴求や，大量普及の役割を果たし，タイプⅣ賛同ステイクホルダーへ変化したものと考えられる。

そこで，重要なステイクホルダーへと変化を遂げた政府，環境活動家・一般消費者について，戦略論のオープン・システム企業観から，さらに見ていく。

まず，新興成長期における政府との関係であるが（図表3），日本政府は，地球温暖化対策への要請の高まりを受け，政府公用車への低公害車導入計画等といった施策を通じ，アウトプットとして，COP3京都議定書における温室効果ガス削減目標の採択においてリーダーシップを発揮するとともに，その実現手段の一つを獲得するという，望ましい成果を生み出した。ここで政府は，施策を講じるというテクノロジーを運用したと考える。一方で企業は，自動車への地球温暖化対策要請の高まりを受け，アウトプットとして，ハイブリッド車への理解と普及の促進という，望ましい成果を生み出した。ここで企業は，施策との整合性を持たせたハイブリッド車の開発・市販というテクノロジーを運用したと考える。なお，この時の政府と企業の関係であるが，企業は，政府によって，ハイブリッドという手法に，政府

図表3 新興成長期における政府との関係

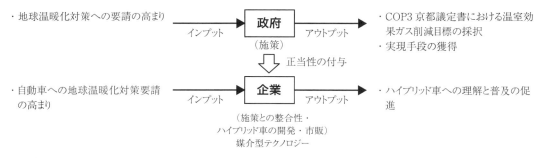

（出所）筆者作成

図表4 成熟期における一般消費者との関係

・資源・環境意識の高まり
・原油価格の高騰

インプット → 消費者 → アウトプット

・環境への配慮
・税制優遇を享受しつつ燃費低減

⇩ 大量普及によるコスト削減

・自動車への資源・環境対策要請
　の高まり
・燃費低減への要望

インプット → 企業 → アウトプット

・ハイブリッド車への理解と普及の促進
・税制優遇による消費者獲得

（ハイブリッド車のコスト削減・
経済的メリットの訴求）
集約型テクノロジー，媒介型テクノロジー

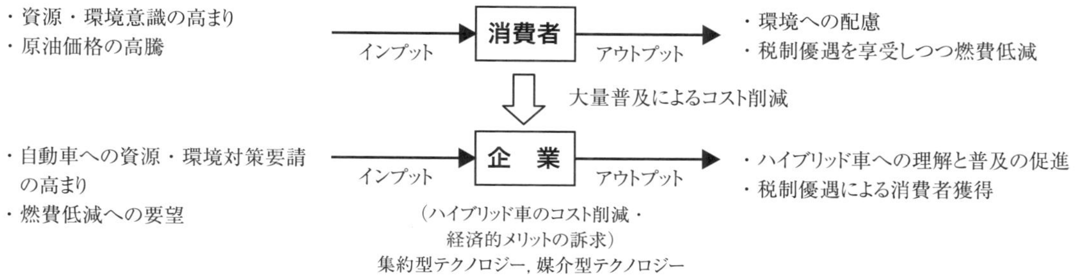

（出所）筆者作成

の持つ正当性の付与という資源を獲得したと考える。

　次に，成熟期における一般消費者との関係であるが（**図表4**），一般消費者は，資源・環境意識の高まりや，原油価格の高騰を受け，アウトプットとして，環境へ配慮しつつ，税制優遇を享受しながら燃費も低減するという，望ましい成果を生み出した。一方で企業は，自動車への資源・環境対策要請の高まりや燃費低減への要望を受け，アウトプットとして，ハイブリッド車への理解と普及の促進や，税制優遇による消費者獲得という望ましい成果を生み出した。ここで企業は，ハイブリッド車のコスト削減・経済的メリットの訴求を行うというテクノロジーを運用したと考える。この時の消費者と企業の関係であるが，企業は，大量普及によるコスト削減という，消費者の持つ資源を獲得したと考える。

　ところで，消費者には，税制や低燃費といった経済的メリットが誘因として働いたのだろうか。Ozaki 他（2011）によると，英国での消費者購買動機1,263件の探索的因子分析の結果，ハイブリッド車購買動機における重要な要素は，消費者の金銭的メリットであったと報告されている。

　さらに，米国の事例についても確認する。成熟期における，企業と一般消費者・環境活動家との関係を見ていく。

　ハイブリッド車は，2000年から米国でも市販されたものの，当時は，左ハンドルモデルがなく，後部座席の収納力も劣るなどの理由から，米国市場に受け入れられなかったため，技術面での向上とともに，WebやSNSを通じた様々なキャンペーンを実施したという（Halbright 他，2010）。ところが，2004年頃から，カリフォルニア州を中心に販売台数が増加し，アカデミー賞会場にハリウッドスターがプリウスで乗り付けたことなどが盛んに報道されるようになった。塚本（2006）は，調査やインタビューの結果，これは環境保護団体『グローバルグリーン』のキャンペーンであったこと，アカデミー賞の件は，グローバルグリーンが自動車メーカーに打診した結果，トヨタのみが応じプリウスを提供したためだったとの経緯を確認している。この時の，一般消費者・環境活動家，そして企業のインプット，アウトプットを見ていく（**図表5**）。

　まず環境活動家は，資源・環境問題の拡大といった社会課題を受け，ハイブリッド車を選択することにより，アウトプットとして資源・環境問題の改善という，自分たちの使命にとって望ましい成果を生み出した。ここでは，環境活動キャンペーンというテクノロジーを運用したと考える。消費者は，資源・環境意識の高まり，原油価格の高騰を受け，アウトプットとして，環境へ配慮しつつ快適性は維持しながら，燃費低減するという望ましい成果を生み出した。そして企業は，自動車への資源・環境対策要請の高まり，燃費低減への要望，消費者の快適性へのニーズを受け，アウトプットとして，ハイブリッド

図表5 成熟期における消費者・環境活動家との関係

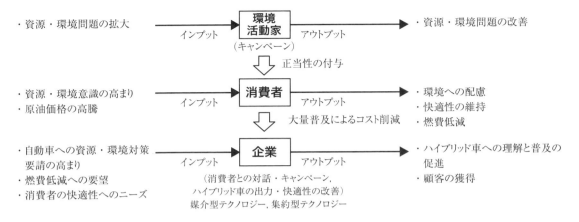

(出所) 筆者作成

車への理解と普及の促進，そして顧客の獲得という望ましい成果を生み出した。ここでは，Web等を通じた消費者との対話やキャンペーンを行いつつ，ハイブリッド車の出力・快適性の改善というテクノロジーを運用したと考える。この時のステイクホルダー間の関係性に着目すれば，消費者は，環境活動家によって，資源・環境問題の改善行動という，環境活動家の持つ資源を獲得し，企業は，大量普及によるコスト削減という，消費者の持つ資源を獲得したと言えよう。Ozaki他(2011)は，ハイブリッド車には様々な意味が付随しており，付加価値の面で実用的，経験的，感情的な価値を消費者に伝える必要があるとしているが，実際に，環境活動家が，消費者へ感情的な価値を伝えるのに大きな役割を果たし，消費者は，実用的，経験的な付加価値によって，大量普及を促進したものと考える。

5　分析結果

以上の事例検討結果をまとめる。

まず，トヨタの企業行動を，ハイブリッド車事業のステージに沿って記述し，ステイクホルダーの状況を記述した。その結果，Jawahar他の指摘したように，重要なステイクホルダーは，ステージに応じて次第に変化していったことが確認できた。スタートアップ期において重要なステイクホルダーは，株主，債権者，従業員であり，これらは一次ステイクホルダーに相当する。その後，重要なステイクホルダーは，新興成長〜成熟期における政府，成熟期における消費者や環境活動家へと変化した。彼らは，二次ステイクホルダーに相当する。さらに，企業とステイクホルダーとの関係をインプット・アウトプットで見ていくと，企業は，政府や環境活動家の持つ正当性という資源や，大量普及によるコスト削減といった消費者の持つ資源を獲得していった。その際，企業の運用したテクノロジーは，相互依存関係にある政府・消費者といった主体を結びつける媒介型テクノロジー，また，コスト削減・出力や快適性の向上といった専門的技法を結びつける集約型テクノロジーを運用したと考える。一方，ステイクホルダーの側についても，インプット・アウトプットを確認した。米国の事例で，消費者は，環境活動家から，資源・環境問題の改善行動という資源を獲得し，環境へ配慮しつつ快適性は維持しながら，燃費低減するという望ましいアウトプットを生み出した。一般消費者や環境活動家は，二次ステイクホル

ダーであるが，彼らは，必ずしも組織化・画一化されておらず，多様な存在でもある。その中で，環境保護団体や環境意識の高いハリウッドスターといった象徴的存在が行動することによって，消費者に影響を与えるなど，ステイクホルダー相互の影響関係，連関性も見られた。

当事例によって，企業の事業活動のライフサイクルにおいては，それぞれのステージに応じて重要となるステイクホルダーが異なること，そして，それぞれのステイクホルダーが異なる経営資源を持っており，ステイクホルダー間の相互影響関係も生じること，そのステージにおいて最も必要とするステイクホルダーの資源を獲得していくことによって，企業が社会性と経済性をともに達成していったことを確認した。

6 　考　　察

当事例では，記述的ステイクホルダー論を用いたが，今一度，技術的ステイクホルダー論及び規範的ステイクホルダー論に照らし合わせて考察を加える。

6.1 　技術的ステイクホルダー論に対して

技術的ステイクホルダー論の主要な論点とは，「CSP（社会業績）とCFP（経済業績）は相関するのか」であった。現在までに，数多くの相関研究，メタ分析がなされ，その結果，非常に弱い正の相関，また，U字関係にある，非線形であることなどが確認されているものの，明確な相関関係は，未だ掴めていない。これは，当事例を踏まえると，ステイクホルダーとの関係の作り方や，保有する資源，運用するテクノロジーの選択肢が多様であり，企業ごとに差が生じるはずであり，このように異なる企業をマクロ分析することの限界にその一因があるのではないか，という指摘もできよう。企業ごとの差異があまりにも大きいため，なかなか明確な相関関係が現れないのではないか。例えば，Barnett（2012）の相関研究の分析結果は，U字型を示したと報告している。これは，社会性（海外のCSR研究で頻繁に用いられているKLD指標）と，財務業績（ROA，純利益）との関係を見たものであるが，社会性の低い企業は，ROA，純利益がやや高いものの，いったん落ち込み，社会性が高い企業ほどまたROA，純利益も高くなったとしている。つまり，社会性・経済性の高低の状況・組み合わせが，企業によって異なっているのである。では，この企業ごとの差異とは何か。当事例を踏まえると，企業の外部環境認識，ステイクホルダーとの関係の作り方，運用するテクノロジー等が，差異の一因だと考えられる。Thompson（1967）は，「テクノロジーと環境は組織にとって不確実性の主要な発生源であり，この次元での相違が組織の相違をもたらすであろう」と述べた。U字型であるとしたBarnett（2007）は，その一因を，SIC（Stakeholder Influence Capacity）という言葉で説明している。これは，CSRを通じてステイクホルダー・リレーションシップを改善する機会を特定し，行動し，利益を得る能力であるが，このSICが，社会的責任を利益に転換する能力を左右するという。岡田（2015）も，社会経済的収束能力と呼び，経済性投資と社会性投資の間に相乗効果を生み出すこの力をいかに獲得し発揮するか，という個別企業の能力が，企業価値の源泉として重要度を増す，と述べている。本稿の事例と，技術的ステイクホルダー論の示すU字型の結果を踏まえると，社会性と経済性をともに達成していくプロセスの分析には，企業ごとに異なる能力，つまり，いかに外部環境を認識するか，どのようなステイクホルダーを通じて何をイ

ンプットしているか，望ましいアウトプットを生み出すためにどのようなテクノロジーを開発・運用しているか，といった視点が重要であり，この企業ごとの能力の差異を観察していくことが重要ではないかと考えられるのである。

6.2 規範的ステイクホルダー論に対して

さらに，規範的ステイクホルダー論の観点に立ち戻ってみる。本稿の事例を踏まえると，戦略的ステイクホルダー管理プロセスでのFreeman（1984）の主張に対しては，企業のライフサイクルに応じたステイクホルダーに着目することや，企業の外部環境認識とテクノロジーの能力開発等をも考慮せよということが言えるのではないか。また，ステイクホルダー志向の経営でのFreeman（2007）の主張に付け加えるならば，企業が倫理的であることは大前提であり，ステイクホルダーにとっての価値を創造することは確かに重要であるが，その価値とは，倫理的であるだけでなく，経済的なもの，感情的なものも大きな位置を占めるのではないかといった主張も可能であろう。

6.3 まとめと今後の課題

本稿では，社会性と経済性をともに達成していくプロセスの分析を目的に，ステイクホルダー論，戦略論に基づく分析の枠組みを用いた事例研究を行った。企業が社会性と経済性をともに達成していくには，企業が，外部環境からインプットを行い，事業のステージに応じて，必要とする資源を保有しているステイクホルダーとの関係性を構築し，彼らの保有する資源をも活用しながら，テクノロジーを開発・運用し，望ましいアウトプットを生み出すといった一連の流れとしてのステイクホルダー・マネジメント能力が重要であることを指摘した。加えて，ステイクホルダー間の相互影響関係も生じるなど，企業の意図していなかった影響を及ぼす可能性もあることを指摘した。

当事例を振り返ると，そもそもハイブリッド車事業は，低迷し始めた業績，資源・環境問題といった背景の中で，「21世紀，車はこのままで良いのか」という，企業の生き残りをかけた危機感からスタートしていた。その意味では，決してCSRなどといった大上段に構えたものではなかった。しかしながら，当事業の目的の中に，資源・環境問題という大きな社会課題が含まれていたことと，その社会課題に対して利害のあるステイクホルダー，特に二次ステイクホルダーが，多数含まれていた点は，当事例の特徴であろう。彼らとの関係性を構築し，彼らの保有する資源を獲得することによって，企業は，当事業を，社会的責任遂行の行動へと転換し，テクノロジーを通じて，利益へと転換した，という事例であるとまとめることができよう。

今後の課題として，社会と企業の関係性構築の方向性についての更なる検討と，経営学領域での他の理論に基づく研究との比較検討を挙げたい。

まず，社会と企業の関係性構築の方向性については，Porter他（2006）が，企業と社会の相互依存性には二つの方向性があるとして，「inside-out」（企業が本業での製品やサービス等を提供することにより社会課題の解決に資する「内から外への影響」），「outside-in」（企業が社会課題の解決に投資し本業の競争環境を改善する「外から内への影響」）を指摘した。当事例は，「inside-out」の一例であろうが，「outside-in」の方向性についても本稿と同様の指摘ができるのか，更なる検討の必要がある。

また，社会性と経済性をともに達成していくといった視点について，経営学領域では，CSRだけで

なく，ソーシャル・イノベーション，ソーシャル・ビジネスといった，他の理論に基づく研究も盛んになっている。本稿では，ステージ初期での社会的セクターの役割等，言及できていない点も多く，そうした研究も視野に入れながら比較検討していく必要があると考えている。

〈参考文献〉

岡田正大（2015）「新たな企業観の行方　CSV は企業の競争優位につながるか」『ダイヤモンド・ハーバード・ビジネス・レビュー』第 40 巻第 1 号，pp.38-53，ダイヤモンド社，2015）。

岡本大輔（2015）「企業評価基準としての社会性—20 年後の再々々検討・実証編—」『三田商学研究』第 57 巻第 6 号，pp.103-110。

木野龍逸（2009）『ハイブリッド』文春新書。

高岡伸行・谷口勇仁（2003）「ステイクホルダーモデルの脱構築」『日本経営学会誌』第 9 号，pp. 14-25。

塚本潔（2006）『ハリウッドスターはなぜプリウスに乗るのか』朝日新聞社。

Barnett, M.L. (2007) "Stakeholder influence capacity and the variability of financial returns to corporate social responsibility," *Academy of Management Review*, Vol. 32, No. 3, pp.794-816.

Barnett, M.L. and R. M. Salomon (2012) "Does it pay to be really good? addressing the shape of the relationship between social and financial performance," *Strategic Management Journal*, Vol.33, No. 11, pp.1304-1320.

Bolton, S. C., Kim, R. C. and K. D. O'Gorman (2011) "Corporate Social Responsibility as a Dynamic Internal Organizational Process: A Case Study," *Journal of Business Ethics*, Vol. 101, No.1, pp. 61-74.

Donaldson, T. and L. E. Preston (1995) "The Stakeholder Theory of the Corporation: Concepts, Evidence, and Implications," *Academy of Management Review*, Vol. 20, No. 1, pp.85-91.

Freeman, R. E. (1984) *Strategic management: A stakeholder approach*, MA: Pitman Publishing.

Freeman, R. E., Harrison, J. S. and A. C. Wicks (2007) *Managing for Stakeholders: Survival, Reputation, and Success*, Yale University Press.

Godos-Diez, J.L., Fernández-Gago, R. and A. Martínez-Campillo (2011) "How Important Are CEOs to CSR Practices? An Analysis of the Mediating Effect of the Perceived Role of Ethics and Social Responsibility," *Journal of Business Ethics*, Vol. 98, No.4, pp. 531-548.

Halbright, R. and M. Dunn (2010) Case Study: The Toyota Prius Lessons in marketing eco-friendly products, *Managerial Marketing* (SUS 6060)　http://www.maxdunn.com/storage/www.maxdunn.com/PMBA:%20Presidio%20MBA%20Home/Prius_Marketing_Case_Study.pdf（2018 年 1 月 29 日参照）.

Jawahar, I. M. and G. L. Mclaughlin (2001) "Toward a Descriptive Stakeholder Theory: An Organizational Life Cycle Approach," *Academy of Management Review*, Vol. 26, Issue 3, pp.397-414.

Key, S. (1999) "Toward a new theory of the firm: a critique of stakeholder 'theory'," *Management Decision*, Vol. 37, No. 4, pp.317-328.

Margolis, J. D. and Elfenbein, H. A. (2007) *Does it pay to be good? A meta-analysis and redirection of research on the relationship between corporate social and financial performance*　https://sites.hks.harvard.edu/m-rcbg/papers/seminars/margolis_november_07.pdf（2018 年 1 月 29 日参照）.

Margolis, J. D. and H. A. Elfenbein, J. P. Walsh (2009) *Does it pay to be good… and does it matter? A meta-analysis of the relationship between corporate social and financial performance*　https://papers.ssrn.com/sol3/Papers.cfm?abstract_id=1866371（2018 年 1 月 29 日参照）.

Ozaki, R., and K. Sevastyanova (2011) "Going hybrid: An analysis of consumer purchase motivations," *Energy Policy*, Vol. 39, Issue 5, pp.2217-2227.

Peloza, J. (2009) "The Challenge of Measuring Financial Impacts From Investments in Corporate Social Performance," *Journal of Management*, Vol.35, No.6, pp.1518–1541.

Polonsky, M. J. (1995) "A stakeholder theory approach to designing environmental marketing strategy," *Journal of Business & Industrial Marketing* , Vol.10, No.3, pp.29-46.

Porter, M. E. and M. R. Kramer (2006) "Strategy and Society," *Harvard Business Review*, December.（村井裕訳（2008）「競争優位の CSR 戦略」『ダイヤモンド・ハーバード・ビジネス・レビュー』第 33 巻第 1 号，pp.36-52，ダイヤモンド社）。

Savage, G. T., Nix, T. W., Whitehead, C. J. and J. D. Blair (1991) "Strategies for assessing and managing organizational stakeholders," *Academy of Management Executive*, Vol. 5, No. 2, pp.61-75.

Steurer, R. (2006) "Mapping Stakeholder Theory Anew : From the 'Stakeholder Theory of the Firm' to Three Perspectives on Business-Society Relations," *Business Strategy and the Environment*, Vol.15, pp.55-69.

Surroca, J., Tribó, J.A. and S. Waddock (2010) "Corporate responsibility and financial performance: the role of intangible resources," *Strategic Management Journal*, Vol. 31, No. 5, pp.463-490.

Thompson, J. D. (1967) *Organizations in action*, NJ: Transaction Publishers. (高宮晋監訳『オーガニゼーション・イン・アクション』同文舘, 1987 年)。

Case Study Using an Analysis Framework Based on the Stakeholder Theory: Clarifying the Process to Achieve Social and Economic Efficiency in CSR

Graduate School of Business Administration, Toyo University

SERA Kazumi

ABSTRACT

The purpose of this paper is to conduct a case study using an analysis framework based on the stakeholder theory and strategic theory, to clarify the process to achieve social and economic efficiency in CSR.

As a result of the previous research review, current issues were pointed out in the stakeholder theory, which clarifies the causal relationship between social and economic efficiency in CSR, by explaining the process through a descriptive level case study was pointed.

Toyota's hybrid car business was selected as a target for the case study. The results of the study were that, in order to achieve social and economic efficiency, enterprises have to recognize inputs from the external environment correctly, and develop relationships with stakeholders who have the necessary resources in accordance with the project stage. The importance was pointed out of stakeholder management's capabilities to develop and operate technologies and generate desirable output, while utilizing the stakeholder's resources. There are also suggestions regarding the relationship of mutual influence among stakeholders.

研究論文

中小企業における IT 投資モデルに関する一考察®
── IT 経営実践企業を対象とした調査をもとに ──

東洋大学大学院生　**吉本　悟史**

```
━━━━━━ ♪キーワード ━━━━━━━━━━━━━━━━━━━━━━━━
  中小企業    IT 投資マネジメント    IT 投資効果    コア - コンテキスト分析フレー
  ムワーク    組織 IQ
━━━━━━━━━━━━━━━━━━━━━━━━━━━━━━━━━━━━━━
```

1　はじめに

　近年，技術の進化やインターネットの普及とともに，Information Technology（以下，IT）が様々な産業で利用されてきており，その導入目的は業務効率化・スピード化，生産性向上，運用コスト削減などである。しかしながら，投資に対する効果に関しては 20 世紀後半より様々な研究がなされてきているものの，多くの企業や組織が IT 投資を実施するにあたっての指標となる具体的かつ分かり易いモデルが示されているとはいい難い。一方，IT ベンダは，機能面・業務効率面だけでなく，持たざる経営による IT 投資効果の最適化，ROI の最大化，コスト削減など，企業経営面においてもその効果の高さを強調するものの，実際はコスト増に繋がるケースも多く存在するなど，導入効果に関しては投資の経済性だけでは測ることのできない不透明な部分が極めて大きいというのが実状である。特に，我が国企業の大部分を占める中小企業においては，IT の専門部署や IT 専任者を確保するのが困難であるがゆえに，IT の導入には IT ベンダを頼らざるを得ず，漠然とした不安や不満が蓄積している。

　このような背景から本稿では，中小企業では効果が不明確という理由で IT（とりわけ最新技術やサービス）の導入・活用が大企業と比べてそれほど進んでいないことを問題として捉えた。今後，我が国で急速に進むと見込まれる労働人口の減少，グローバル化の進展に伴う企業間競争の更なる激化など，不透明な環境の中で中小企業が存続していくためにも，本問題を考察することは意義のあることと考える。

2　先行研究

2.1　IT 投資マネジメントに関する先行研究レビュー

　近年，外部環境の変化に伴い，企業における IT 環境や情報システムが大規模化・複雑化し，かつ内部統制やコンプライアンスの対象ともなってきていることから，従来のような単純な設備投資に対するリターンといった，いわゆる投資対効果（ROI）を算出するだけでは，その効果を十分に説明できなくなってきている。

　松島（2007）は，IT 投資に対する費用対効果分析のモデル化に関する問題点は，「前提や仮定の多さ」

図表1 IT投資マネジメントにおける合意形成モデルの発展

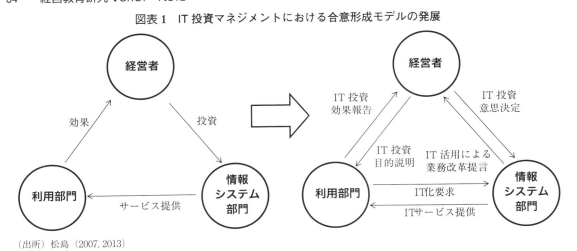

（出所）松島（2007, 2013）

「モデルの複雑化」「調査時間と工数」「不確実な要因の増大」の4点であるとし，投資の経済性による効果分析の限界を指摘している。そしてこのような問題提起から，企業内のITに関わる支出が効果的に企業業績に貢献するための管理手法のフレームワークを「IT投資マネジメント」と定義し，経済性以外の観点を考慮した投資効果を導出するためのツールとしてその有効性を提唱している。

松島（1999，2007）は，IT投資における合意形成は，経営者が情報システム部門に対して投資を行い，情報システム部門がIT投資によって資源を調達して利用部門に対してサービスを提供し，利用部門はこの情報サービスを活用して部門業績を改善し企業業績の向上に貢献する「合意形成モデル」を提唱しており，これら3者が三位一体となった循環的な関係によって，IT投資は回収されるとしている。また，松島（2013）は，IT投資の合意形成は単に一方通行的なプロセスではなく双方向性を有しながら成されているとし，従来のモデルを発展させている（図表1）。

2.2　IT投資の資源配分に関する先行研究レビュー

IT投資を考えるうえでは，投資対象となる情報システムが企業にとってどのような性質のものなのかを把握することが重要である。特に，大企業と比較して資源が限られている中小企業においては，自社のIT環境についての重要性やリスク等を勘案した位置づけを把握することは，投資の意思決定および最適資源配分の視点で有益であるといえる。

企業内において絶え間ないイノベーションが行われるために，その諸活動（業務・市場・製品など）の競争優位性や差別化能力を分析し，企業の成長段階に応じた経営資源の再配分に関する指針を示すマネジメント・フレームワークとして，「コア-コンテキスト分析フレームワーク」がある。本フレームワークは，自社が持つ貴重な経営資源（人材や資金）を投下すべき業務領域とアウトソーシングすべき領域を見分けるツールとして，Moore（2005）によって提唱された。

「コア」とは，企業の競争優位や差別化を実現するイノベーションが継続的かつ効率的に行われるために，企業の活動プロセスを顧客獲得のための差別化を生み出す要素と定義し，一方の「コンテキスト」は，差別化を生み出さない全ての要素としている。

また，「ミッションクリティカル（重要任務）」とは，失敗や問題が起こると即時に企業の存続や成長

図表2 コア‐コンテキスト分析フレームワークの IT 投資分類への応用

	コア	コンテキスト	
ミッションクリティカル	独自のシステムであり，かつ停止すると業務に直接影響がある基幹系システム	汎用性の高いシステムであるが，停止すると業務に直接影響する業務／管理系システム	高
	第2象限	第3象限	リスク
	第1象限	第4象限	
非ミッションクリティカル	独自のシステムであるが，停止しても業務に直接影響はないシステム	汎用性の高いシステムで，かつ停止しても業務に直接影響しないシステム	低
	強	独自性　　　　　弱	

（出所）横田（2013）

に直接的で深刻なダメージを及ぼすリスクの高い要素と定義し，一方の「非ミッションクリティカル」は，失敗や問題があってもリスクが限定的で企業の存続や成長に直接的で深刻なダメージを及ぼさない要素としている。これら2つの視点から4つの象限に分類し，企業内に滞留する経営資源を適切に再分配する際の枠組みとして用いられる。

横田（2013）は，本フレームワークを応用し，同じ分析軸でIT投資分野を4つに分類している（**図表2**）。この分類は，既に導入したシステムが自社の業務にとってどのような位置づけとなるかということを端的に表現できるだけでなく，これからIT投資する場合の方向性の設定や優先順位づけ，また投資後のシステムに対する重要度や自社内における位置づけの変更等の際にも有用だと考えられる。

2.3　IT 投資に効果的な組織特性に関する先行研究レビュー

IT分野に限らず，企業において何らかの設備投資を行う際には，経営者単独の意思決定ということは考え難い。投資の意思決定には経営者の他にも様々な利害関係者が登場し，最終的には「組織」として意思決定を行うのが一般的である。

組織の特性および組織のあり方と業績との関係性を研究したものに「組織IQ」がある。組織IQは，経営要素を5原則（「外部情報認識」「内部知識発信」「効果的な意思決定機構」「組織フォーカス」「目標化された知識創造」）として体系化した経営モデルであり，組織にとって不可欠な経営要素を実証研究に基づいて特定化したものである。具体的には，それぞれの原則に対応した調査項目をスコア化することで，財務情報では把握しにくい「組織における経営状態」の定量化・見える化を可能とするものである。したがって，組織IQの枠組みを利用することで，IT投資を効果的かつ持続的に実施している企業の組織特性を，定量的に分析・評価することが可能になると考える。

2.4　先行研究の限界

前述の「合意形成モデル」「コア‐コンテキスト分析フレームワーク」「組織IQ」といった理論やフレー

ムワークは，多数の事例研究を基に考案されただけに，様々な研究でも引用・応用されている。しかしながら，合意形成モデルに関しては，経営資源が限られ独立した情報システム部門を保有しない多くの中小企業においては，IT企業および支援機関等の社外リソースを投資の意思決定プロセスに組み込まざるを得ないのが実状である。そのため，社外のリソースを利用することによる情報の非対称性から，多くの中小企業がITベンダの提案に翻弄させられていることも事実である。したがって，「経営者」「利用部門」「情報システム部門」といった単純な三位一体の合意形成モデルを中小企業に適用するのは実状を考慮しないモデルになり得る。また，コア‐コンテキスト分析フレームワークに関しては，企業におけるイノベーションのライフサイクルをリスクと重要度の2軸で可視化でき，横田（2013）がこの枠組みをIT投資分野の分類に応用したことで，本稿における分析および仮説検証には極めて有用である。その一方で，ITに対する資源が限られている中小企業に対して投資のイノベーションプロセス論をそのまま適用するのは論理が飛躍しすぎであると考えた。ここに，これら先行研究の限界がある。

3　研究目的と研究方法

　本稿では，企業経営に積極的にITを利活用している先行事例・先行研究などの分析・考察を行うことによって，経営資源に制約を受けやすい中小企業経営に資するIT導入のプロセスと方向性を示すことを研究目的としている。具体的には，単なる経済的・財務的な効果測定ではなく，IT投資マネジメントのアプローチを活用し仮説検証することで，特にIT投資に不安・不満を感じている中小企業にとって持続的な成長戦略の手段のひとつとして寄与するIT投資モデルを明らかにする。

　研究方法は，全国の中小企業から研究対象を抽出し，それらの企業に対してアンケート票を送付して，回収したデータを基にIT投資の効果をIT投資マネジメントの視点で分析する。研究対象は，ITを積極的に企業経営に利活用している証として経済産業省が毎年認定している「中小企業IT経営力大賞」を受賞した企業を含む「IT経営実践認定企業・組織」から抽出する。当該受賞・認定は，全国から毎年約100社選出される制度となっており，この中から2009〜2011年の3年間に選出された企業（計304社）を対象とする。当該期間に受賞した企業を対象とすることで，サブプライムショックおよびリーマンショック時期に積極的にIT投資した企業が，東日本大震災後の経済不安時期を経た現時点までの間に具体的な効果を享受しているか否か，また効果があったとした企業は，その効果が持続されているか否かを分析することが可能となる。

　以上のアンケート調査により，IT投資マネジメントに関する先行研究レビューの結果を基に設定した仮説を検証することで，効果的かつ持続可能なIT投資のためのモデルを導出する。

4　仮　説

　本稿においては，IT投資の効果について従業員視点ではなく，IT投資を実施する側，すなわち経営者視点での効果についての分析を試みている。それは投資を意思決定する側に関する分析ともいうことができる。また，前述のように中小企業におけるIT投資は社外リソースとの合意形成が不可欠であることから，ITによる効果を生み出すための誘因を「効果的な合意形成と意思決定」であるという分析

視座の基に，以降に述べる仮説を設定する。

4.1 　情報活用と IT 投資効果における仮説

IT 投資を効果的に持続させている中小企業は，組織内外の情報を積極的に活用し，かつ効率的な意思決定がなされている。

　本稿では IT 経営実践認定企業を対象としている。IT 経営とは，経済産業省では「IT を新しいビジネスツールと捉え，下請からの脱却，多品種・少量・短納期への対応，業務の可視化による戦略的経営の推進など，攻めの分野に活用し，経営力を高めていく取組を積極的に展開している経営」と定義している。また，IT 経営を攻めの分野に対して積極的に展開しているということは，IT を経営環境の変化に対して迅速かつ柔軟に対応すべく利活用していると換言することもできる。

　すなわち，認定時から現在まで IT 経営を効果的に継続して実践しているということは，組織 IQ の観点からすると，組織内外の情報を活用し，かつ効率的な意思決定を実施している「情報活用系（外部情報認識・内部知識発信・効果的な意思決定機構）」の活動が積極的と考えることができる。

4.2 　IT 投資に伴う合意形成における仮説

IT 投資を効果的に持続させている中小企業は，投資の意思決定に関して，経営者のみならず，社内外の様々な企業・機関と連携しながら合意形成している。

　経営資源の限られた中小企業は，大企業のように IT の専門部署や IT 系子会社等を保有していないため，IT 導入は自社以外の組織や機関を活用せざるを得ない。そのため，IT 導入に伴う意思決定には，IT 投資マネジメント論でいうところの合意形成モデルが示すように，経営者とともに情報システム担当者や利用部門が三位一体となって関与することに加えて，IT ベンダ，地域の金融機関，商工会議所などの社外の組織・機関が関与し，相互に連携して合意形成が行われていると考えられる。

　したがって，IT 投資を効果的に持続させている中小企業は，合意形成モデルのような 3 者間における閉じた循環的関係ではなく，社内外の様々な企業・機関と継続的関係を築きながら，ともに意思決定を行う関係性を構築していると想定される。これは，組織 IQ の観点においても，自前主義的ではなく外部パートナーとの協働体制によって価値を創出するといった，組織 IQ の 5 原則における「資源活用系（組織フォーカス・目標化された知識創造）」の活動が積極的であるからとも考えられる。

4.3 　IT 投資における経済性以外の効果に関する仮説

IT 投資を効果的に持続させている中小企業が得ている効果には，経済性以外の目に見えない効果も含まれている。

　既述のように，IT 投資の効果は売上の増加やコストの減少といった経済性効果のみで測ることは困難である。また，本稿の対象企業のように，攻めの分野に対して戦略的に IT を利活用していると評価されるようなケースでは，投資効果は必ずしも貸借対照表や損益計算書上で測れるものだけではない。

意思決定スピードの向上，部門横断的な即時情報共有，社内コミュニケーションの活発化などといった，企業経営における重要課題であるが測定することが難しい項目についても評価する必要がある。

　したがって，IT 投資の効果を継続的に得ている企業においては，定量化が比較的困難である経済性以外の投資効果についても，同様に持続していると考えられる。

4.4　投資対象を取り巻く状況の変化に応じた資源配分における仮説

> IT 投資を積極的に行っている中小企業は，まず，汎用性の高いシステムであるが停止すると業務に直接影響する業務／管理系システムに投資し，その後のシステムを取り巻く状況の変化に応じて業務上の位置づけを変化させて効果を持続させている。

　社内資源の多くを新規 IT 導入のために投入できない中小企業にとって，攻めの分野に投資するためには，投資対象が業務上重要な位置づけであったとしても，まずは導入が容易で可能な限りコストを抑えることのできる汎用的なシステムを採択すると考えられる。当該システムは，コア-コンテキスト分析フレームワークでいうところの「ミッションクリティカル - コンテキスト領域」であり，自社独自の仕様を実装すべく一から開発したシステムではないが，業務上無くてはならない位置づけのものである。

　また，IT 投資に積極的な企業は，システムを取り巻く状況の変化に応じて，その位置づけを変えていくことが考えられる。例えば，投資当初は「ミッションクリティカル - コンテキスト領域」であったが，業務遂行上システムの重要性が高まったので，更なる投資を行い「ミッションクリティカル - コア領域」へ位置づけを変えたり，または IT コストの削減や他のシステムへの投資が必要になったため，「非ミッションクリティカル - コンテキスト領域」へ位置づけを変更することでリスク低減を図ったりする。つまり，「ミッションクリティカル - コンテキスト領域」へ汎用的なシステムを導入した後に，状況に応じてシステムの位置づけを変化させながら，柔軟な IT 経営を実践し効果を持続させていると想定される。

5　アンケート分析による仮説の評価

5.1　調査概要

　アンケートによる調査は，**図表 3** に示すような内容で実施した。得られたアンケートデータは全て単純集計して傾向を分析しつつ，IT 投資効果が持続していると回答されている設問と他の設問との相関関係など，仮説の検証に有用だと考えられる分析には，クロス集計および多変量解析を行った。

5.2　情報活用と IT 投資効果における仮説の評価

　組織 IQ における情報活用系に関する設問に対して，「あてはまる」「どちらかといえばあてはまる」とプラス評価で回答したものから，「継続して効果を上げている（システム改修した場合も含む）」とした回答割合は平均で 75.5% となり，積極的に社内外の情報を活用することと，IT 投資の効果が継続的に得られることとの間には，強い正の相関が見られた。

　この結果は，組織 IQ における情報活用系において実施される組織内外の情報資源の効果的な活用が，

中小企業におけるIT投資モデルに関する一考察　　59

図表3　アンケート調査概要

項　目	内　　容
調 査 対 象	2009〜2011年の間に，国が「IT経営実践認定企業・組織」に認定した企業304社を対象とした。
調 査 期 間	2016年10月24日〜11月15日
調 査 方 法	自記式郵送調査法により調査対象企業へアンケート票を郵送し，郵送による回収を行った。
アンケートの回収結果	・配布数：304票 ・回収数：136票 ・回収率：44.7%（その他，回答辞退1票，宛先不明2票）

（出所）筆者作成

経営の効率化のみならず，IT投資を効果的に持続することにおいても重要な要素であると考えることができるため，当仮説は容認できると考える。

5.3　IT投資に伴う合意形成における仮説の評価

　分析の結果，社内でのIT投資の意思決定および合意形成に，経営者，情報システム担当者および利用部門など，社内の経営資源が合意形成に関与したとする回答が約7割を占め，そのうち利用部門が15.9%の割合で関与しており，松島（2013）が提唱する合意形成モデルを裏付ける結果となった。さらに，社外組織であるITベンダが関与したとする回答が23%となり，IT投資時におけるITベンダとの結びつきの強さを裏付ける結果となった。また，システム開発・導入に伴う融資を担当する金融機関，地域の自治体・商工会議所等およびその他の組織・機関といった，社外の組織・機関においても，約7%関与したとする結果となった。したがって，IT投資の意思決定には，合意形成モデルでの3者とITベンダが連携しながら関与する形が基本であり，状況に応じて社外の組織や機関を補完的に活用する形態が効果的なモデルと考えられる（図表4）。

　また，IT投資効果が持続している企業においては，社内外の様々な組織・機関と連携しながら合意形成を行っていることに加え，「外部パートナーとの協働体制をつくることに非常に積極的で，自前主義的な考えはない」としたスコアと，「投資の合意形成における外部関係者の活用」との間に正の相関が見られることが判明した。

図表4　中小企業におけるIT投資の合意形成モデル

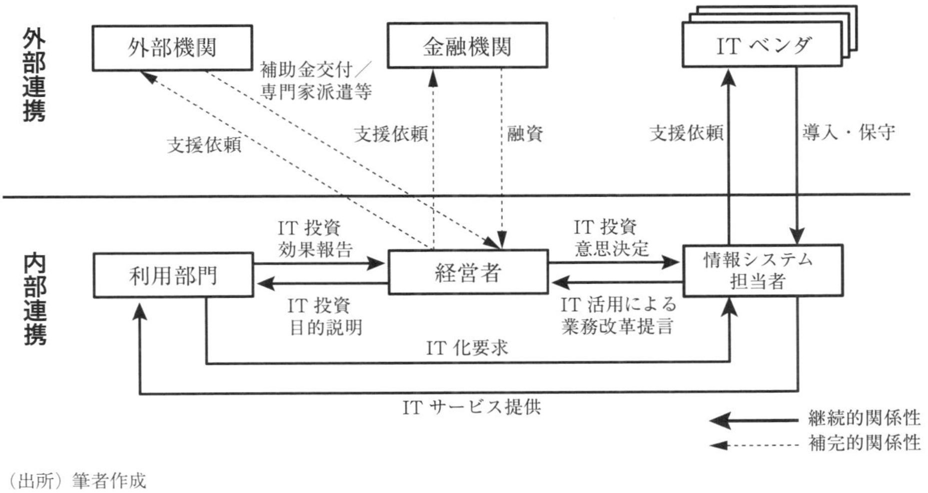

（出所）筆者作成

これらの結果は，アンケート結果における実データにおいても，組織IQにおける5原則の観点においても，社内外の関係者との合意形成が中小企業のIT投資効果の持続条件のひとつであると考えられるため，当仮説は容認できると考える。

5.4　IT投資における経済性以外の効果に関する仮説の評価

IT投資の結果が「継続して効果を上げている（システム改修した場合も含む）」とするアンケート回答のうち，投資効果が得られたとされる内容が「立案した業績目標や計画を達成しやすくなった」「業務が見える化されたことにより経営面の意思決定スピードが上がった」「社内のコミュニケーションが活発になった」「顧客や競合他社の状況をより具体的に把握できるようになった」といった，経済性以外の，どちらかといえば目に見え難い投資効果について回答している割合が約6割を占める結果となった。

この結果より，IT投資効果には，経済性以外にも経営管理面，意思決定面，コミュニケーション面など様々な側面が存在し，かつこれらの目に見えない側面が，効果の持続において重要な要素になり得ると考えられるため，当仮説は容認できると考える。

5.5　投資対象を取り巻く状況の変化に応じた資源配分における仮説の評価

コア-コンテキスト分析フレームワークにおける第3象限，すなわち「ミッションクリティカル-コンテキスト領域」から「ミッションクリティカル-コア領域（第2象限）」へ位置づけを変化させたとしたアンケート回答が約3分の2を占め，この結果のみにおいては，当仮説は容認できるといえる。

しかしながらその一方で，本稿の対象企業の大半において，国に認定された投資対象システムを「ミッションクリティカル-コア領域」に位置づけている結果となった。これは業務上重要な位置づけであったとしてもリスクを回避しつつ「ミッションクリティカル-コンテキスト領域」に投資する傾向のある，一般的な中小企業のIT投資とは異なる結果を示している。

また，「ミッションクリティカル-コア領域」への投資後もシステムの位置づけを変化させない企業は，売上や利益の増加といった経済的効果よりも，経済性以外の投資効果を得ている割合の方が高い結果となった。加えて，「投資後の位置づけの変化」と「得られた投資効果」の2変数の相関を視覚的に表すために，アンケートデータを基にコレスポンデンス分析[2]を実施したところ，「ミッションクリティカル-コア領域」への投資後に，「特に位置づけは変わっていない」と最も関連性の強い投資効果は「業務が見える化されたことにより経営面の意思決定スピードが上がった」であることが判明した（**図表5**）。

これらの結果をまとめると，本稿の対象企業，すなわちIT経営を積極的に実践している企業の多くは，まず「ミッションクリティカル-コア領域」に投資しつつ，その後は位置づけを変化させずに当領域に留まる傾向が強い。そしてその結果，最も得られる効果としては，スピード経営に資する「意思決定スピードの向上」であった。

以上より，本稿の対象となる企業の多くにおいては，当仮説を検証することはできなかったものの，企業経営に資するIT投資効果を持続させるための有効な条件を導出できたといえる。

図表5　コレスポンデンス分析の散布図出力結果

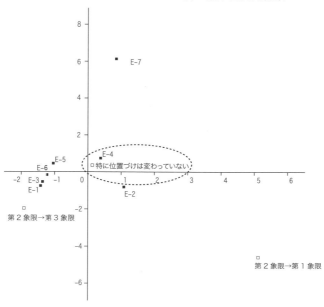

【凡例】

E-1	販路・チャネルの拡大や新規顧客の獲得等により売上が上がった
E-2	業務効率化によりコストが削減され利益（粗利，営業利益，経常利益，当期純利益等）が上がった
E-3	立案した業績目標や計画を達成しやすくなった
E-4	業務が見える化されたことにより経営面の意思決定スピードが上がった
E-5	社内のコミュニケーションが活発になった
E-6	顧客や競合他社の状況をより具体的に把握できるようになった
E-7	その他

（出所）筆者作成

6　おわりに

　本稿では，研究対象企業から回収したアンケート分析および仮説の検証結果から，IT投資効果が持続している中小企業の特徴として，「自社独自かつ業務上止めてはならない基幹システムを導入し，導入後もその位置づけを変えない」「投資の意思決定においては，経営者，情報システム担当者，利用部門およびITベンダの4者と密に連携しつつ，場合によっては外部機関を補完的に活用しながら合意形成している」「得ている投資効果には経済性以外の側面も存在し，それらの効果は積極的な社内外の情報活用に基づく」の3点が示唆され，効果的なIT投資を行うための基本モデルを導出できた。

　今後は，本稿で導出したモデルをさらに幅広い業種・業態に適用できるものとするために，意思決定プロセスの観点も分析視座として含め，持続的かつ効果的なIT投資に資する研究を進めていきたい。

【謝辞】
本稿は，日本マネジメント学会第76回全国研究大会（2017年10月）での報告を基に論述した。大会において貴重なご指導をいただいた先生方，並びに本稿の匿名レフリーの先生方に心より感謝申し上げる。

〈注〉
(1) 中小企業とは，中小企業基本法第2条第1項の規定に基づく「中小企業者」のことである。
(2) コレスポンデンス分析は，多次元データの相関構造を視覚的に把握するための多変量解析手法。散布図上にプロットされた2変数の各項目の近くに位置するもの同士に類似性や関連性があると解釈することができる。

〈参考文献〉
大森健太郎・姉尾大（2007）「情報技術投資の効果はどのように創造されるか―中小企業における情報技術資産と組織特性の分析から―」『経営情報学会誌』第16巻，第3号，pp.63-81。
鈴木勘一郎（2001）『経営スピードを加速する組織IQ戦略』野村総合研究所。
松島桂樹（1999）『戦略的IT投資マネジメント―情報システム投資の経済性評価―』白桃書房。
松島桂樹（2007）『IT投資マネジメントの発展―IT投資効果の最大化を目指して―』白桃書房。
松島桂樹（2013）『IT投資マネジメントの変革』白桃書房。
横田明紀（2013）「中小企業におけるIT化の現状と業務プロセスアウトソーシングにおけるクラウドコンピューティングの役割に関する事例研究」『立命館経営学』第51巻第5号，立命館大学経営学会，pp.105-134。
Moore, G. A.（2005）*Dealing with Darwin: How Great Companies Innovate at Every Phase of Their Evolution*, Portfolio, New York.（栗原潔訳『ライフサイクルイノベーション―成熟市場＋コモディティ化に効く14のイノベーション―』翔泳社，2006年。）
Stalk, G. Jr. and T. M. Hout（1990）*Competing Against Time: How Time-Based Competition is Reshaping Global Markets*, Free Press.（中辻萬治・川口恵一訳『タイムベース競争戦略―競争優位の新たな源泉 時間―』ダイヤモンド社，1993年。）

A Study of IT Investment Models in Small and Medium Enterprises: Based on a Survey of IT Management Practice Companies

Graduate School of Business Administration, Toyo University

YOSHIMOTO Satoshi

ABSTRACT

Small and medium enterprises (SMEs) in Japan are not progressing the deployment and utilization of IT compared with large enterprises. One reason is that the effect of IT investment is unclear. Based on this fact, the purpose of this paper is to clarify the IT investment model that contributes to SMEs as one means of having a sustainable growth strategy.

The first part in this research is to review previous studies on IT investment management, the resource allocation of IT investment and organizational characteristics effective for IT investment and to show their limitations. The second part is to set up four hypotheses based on three points of size and organization characteristics of SMEs, non-economic investment effects and effectiveness of investment sustainability. The third part is to statistically analyze the questionnaire results from 136 IT management and practicing companies, which is the scope of this research, and verify the hypotheses.

The results of this paper is the derivation of a basic model for sustainable and effective IT investment in many SMEs and the obtaining of results that contribute academically and practically.

大会記録

日本マネジメント学会　第76回全国研究大会

統一論題　「原点回帰のマネジメント　―地方企業からの発信―」
会　場：広島経済大学

第1日　2017年10月13日（金）
13：45〜16：00　　　　株式会社サタケ　本社　東広島市西条西本町2-30　現地集合（JR 西条駅　13：30）
17：45〜19：00　理事会　広島経済大学 立町キャンパス（サテライト）

第2日　2017年10月14日（土）
9：00〜　　　　受　付　明徳館1階
13：15〜13：25　開会挨拶　第76回全国研究大会実行委員会委員長　瀬戸正則
　　　　　　　　　会長挨拶　日本マネジメント学会会長　柿崎洋一

自由論題セッション1　明徳館　10階「A・B・C会場」（各40分）

10：00〜10：40	自由論題報告1　A会場	自由論題報告2　B会場	自由論題報告3　C会場
報　告　者	奥山雅之氏（明治大学）	吉本悟史氏（東洋大学大学院）	青木崇氏（兵庫県立大学）
テ　ー　マ	グローカルビジネス・マネジメントに関する一考察 ―分析の視点と理論的枠―	中小企業におけるIT投資モデルに関する一考察 ―IT経営実践企業を対象とした調査をもとに―	大学のキャリア教育におけるインターンシップ研修の効果，影響，背景に関する一考察 ―愛知淑徳大学の例―
コメンテーター	大野和巳氏（文京学院大学）	中西哲氏（株）ディールクリエイション	水野清文氏（奈良学園大学）
司　会　者	佐藤一義氏（立正大学）	今井重男氏（千葉商科大学）	杉田あけみ 氏（千葉経済短期大学部）
10：45〜11：25	自由論題報告4　A会場	自由論題報告5　B会場	自由論題報告6　C会場
報　告　者	木村敏夫氏（流通科学大学）	土谷幸久氏（いわき明星大学）	西釜義勝氏（九州大学）
テ　ー　マ	フィンランド事業運営会社と運営機関	中小企業の強みについての一考察 ―福島県の企業を中心として	環境適応に向けた組織変革の考察 ―ダイナミック・ケイパビリティ論の知見をもとにして―
コメンテーター	市古勲氏（東海学園大学）	井上善海氏（東洋大学）	槇谷正人氏（東海大学）
司　会　者	松村洋平氏（立正大学）	東俊之氏（金沢工業大学）	大平浩二氏（明治学院大学）

統一論題セッションI　6号館3階「631教室」（報告40分）

11：35〜12：15	統一論題シンポジウム1
報　告　者	櫻澤仁氏（文京学院大学）
テ　ー　マ	事業創造と起業家精神―「起業の少子化」時代の日本型スタートアップの復権と原点回帰―
司　会　者	大平義隆氏（北海学園大学）

12：15〜13：15　**昼　食**　明徳館5階／リブレ1階

統一論題セッションⅡ　6号館3階「631教室」（各報告40分）

13：30 ～ 14：10	統一論題報告 1
報 告 者	森光孝雅氏（株式会社 八天堂　代表取締役社長）
テ ー マ	人生今日が始まり 良い品 良い人 良い会社つくりへの挑戦
司 会 者	田中雅子氏（帝塚山大学）
14：15 ～ 14：55	統一論題報告 2
報 告 者	岩田知真氏（株式会社 イワタ木工　代表取締役社長）
テ ー マ	伝統を次の未来へつなげるものづくり
司 会 者	佐々木利廣氏（京都産業大学）
15：00 ～ 15：40	統一論題報告 3
報 告 者	新宅光男氏（株式会社 コーポレーションパールスター　代表取締役社長）
テ ー マ	目指すは人の人生に直結するもの作り会社
司 会 者	佐々木利廣氏（京都産業大学）

統一論題シンポジウム　6号館3階「631教室」（90分）報告者各5分，コーディネーター各15分の後，質疑応答

16：05 ～ 17：35	統一論題シンポジウム 2
パネリスト	櫻澤仁氏（文京学院大），森光孝雅氏（株式会社 八天堂），岩田知真氏（株式会社 イワタ木工），新宅光男氏（株式会社 コーポレーションパールスター）
コーディネーター	佐々木利廣氏（京都産業大学），田中雅子氏（帝塚山大学）
司 会 者	篠原淳氏（熊本学園大学）

　　18：00 ～　　　　**懇親会**　広島経済大学 明徳館5階

第3日　2017 年 10 月 15 日（日）

　　9：00 ～　　　　**受付**（明徳館1階）

特別講演　6号館3階「631教室」（90分）

10：10 ～ 11：40	特別講演
講 演 者	重道泰造氏（株式会社 アイグラン　代表取締役）
テ ー マ	行動こそ真実 ―決意したことに一歩踏み出す―
司 会 者	瀬戸正則氏（広島経済大学）

　　11：40 ～ 12：40　**昼食**　明徳館5階／リブレ1階
　　　　　　　　　　「**第 77 回全国研究大会」大会委員会**　　632（リブレ3階）

自由論題報告セッション2　明徳館　10階「A・B・C会場」（各40分）

12：40〜13：20	自由論題報告7　A会場	自由論題報告8　B会場	自由論題報告9　C会場
報 告 者	細萱伸子氏，新井範子氏，竹内明香氏（上智大学）	今井範行氏（名城大学）	松藤賢二郎氏（福岡工業大学）
テーマ	日本人女性自発的海外赴任者のキャリア・コンピテンシー ―企業派遣者との相違に着目して	日本の自動車産業のイノベーション戦略に関する一考察 ―イノベーションの源流化と利益改善をめぐって―	小売業における環境配慮行動
コメンテーター	原口恭彦氏（広島大学）	手塚公登氏（成城大学）	粟屋仁美氏（敬愛大学）
司 会 者	庄司貴行氏（立教大学）	樋口弘夫氏（和光大学）	小野瀬拡氏（駒沢大学）
13：25〜14：05	自由論題報告10　A会場	自由論題報告11　B会場	自由論題報告12　C会場
報 告 者	池田玲子氏（羽衣国際大学）	藤井辰朗氏（中部大学），清水健太氏（松蔭大学）	菊池宏之氏（東洋大学）
テーマ	仕事と治療の両立支援のあり方についての一考察	ベンチャー企業から見たCVC出資の成功要因	買物弱者対応策の経営的課題
コメンテーター	当間政義氏（和光大学）	野長瀬裕二氏（摂南大学）	大驛潤氏（東京理科大学）
司 会 者	青淵正幸氏（立教大学）	董晶輝氏（東洋大学）	川野祐二氏（下関市立大学）
14：10〜14：50	自由論題報告13　A会場	自由論題報告14　B会場	自由論題報告15　C会場
報 告 者	小松智子氏（小松建設工事）	平井直樹氏（立教大学大学院）	世良和美氏（東洋大学大学院）
テーマ	中小企業の女性経営者の特性について ―起業と事業承継の比較を軸に―	日本のソフトウエア開発の分業構造における価値の所在	ステイクホルダー論に基づく分析の枠組みを用いた事例研究
コメンテーター	大杉奉代氏（香川大学）	馬場晋一氏（長崎県立大学）	金綱基志氏（南山大学）
司 会 者	相原章氏（成城大学）	濱田初美氏（立命館大学）	郭智雄氏（九州産業大学）

14：50　　　　　　　**閉会**

投稿規程

日本マネジメント学会機関誌『経営教育研究』投稿規程

1. 本機関誌『経営教育研究』に掲載する原稿は以下による。
   ① 日本マネジメント学会会員からの投稿による「投稿論文」
   ② 日本マネジメント学会機関誌委員会からの依頼による「依頼論文」
   ③ 日本マネジメント学会の諸活動にかかわる「関連記事」(学会記録, 学会報告, 書評等をすべて含む。)
2. 本機関誌の発行は, 原則として年2回(1月と7月)とする。
3. 本機関誌への論文投稿は 日本マネジメント学会会員に限定する。
4. 本機関誌への論文投稿は, 8月末日と1月末日を締切日とする。
5. 本機関誌への投稿論文は, 以下の通り「経営教育」に関する研究論文とする。
   ① 経営体の諸活動に関する実践的経営の研究
   ② 日本的経営および国際的経営の研究
   ③ 経営者・管理者の実践的能力を育成するための経営教育の研究
6. 本機関誌への投稿論文は, 以下の字数制限等の要件をすべて満たすこと。
   ① 日本語原稿16,000字以内(本文・図表・表題・要旨・謝辞・注・参考文献等をすべて含む。)
   ② 印刷仕上がりがB5判1段組(46字×37行)10頁以内
7. 本機関誌への投稿論文は, 未発表のものに限定し, 電子媒体1枚と印刷原稿3部を提出する。
8. 本機関誌への投稿論文は, 本投稿規程で明示なき事項は日本マネジメント学会機関誌執筆要領による。
9. 投稿論文の取扱いは以下による。
   ① 機関誌委員会は, 匿名のレフェリー2名による査読結果を総合して, 掲載の採否を決定する。
   ② 機関誌委員会は, 原則として本学会のホームページ等に本機関誌の内容を掲載することができる。
   ③ 本機関誌に掲載された論文は, 論文執筆者であっても無断で複製, 転載することはできない。
10. 原稿の別紙には, 邦文および欧文による氏名, 所属, 題名, キーワード, 連絡先の郵便番号・住所・電話番号・メールアドレス等を明記する。
11. 原稿には, 冒頭に邦文要旨400字程度, キーワード5個以内, 英文要旨120〜150wordsを記載する。
12. 原稿は, 完成原稿として提出し, 執筆者校正は一回のみとする。
13. 原稿は, Microsoft Wordで作成し, 以下のレイアウトによる。
    ① A4用紙, 縦置き横書き, 46字×37行とし, 上10mm下12mm, 左右16mmの余白とする。
    ② フォントは, MS明朝(英数字century)10.5ポイントとする。
    ③ 英字および2桁以上の数字は, 原則として半角とする。
    ④ 内容の配列順は, 表題, 所属, 氏名, キーワード, 本文, 図表(行取りをして行数明示), (必要に応じて, ※【謝辞】・【特記事項】), 〈注〉と参考文献(9ポイント), 英文タイトル, 英文表示の所属と氏名, 英文要約, である。それぞれの内容は機関誌の刷り上がりと同じ行取りにする。合計10頁になるが, 11頁目に邦文要約を記載する(刷り上がりの機関誌には掲載されない)。ただし, 投稿者が特定できる情報は機関誌委員会で消去したうえで, 査読者に依頼する。
14. 原稿は, 原則として章・節・項の構成とし, それぞれ「1」,「1.1」,「(1)」の表示とする。
15. 図表は, 通し番号で示し, 原稿に直接挿入するか, 別ファイルで作成し本文中に挿入箇所を明示する。
16. 注は, 本文該当箇所に括弧付アラビア数字の通し番号で示し, 本文末にその内容を一括してまとめる。
17. 参考文献は, 日本語文献, 外国語文献の順に本文末に一括してまとめる。原則として, 日本語文献は著者の「五十音順」に, 外国語文献はファミリーネームの「アルファベット順」に列挙する。
18. 参考文献等の表記は, 著者名(刊行年)「論文名」『書名』出版社の順とする。論文名には「　」を, 書名および雑誌名には『　』を付ける。欧文では書名および雑誌名はイタリックにする。
19. 論文投稿者から「投稿料」として10,000円を徴収する(5千円図書カード2枚を投稿時に同封のこと)。投稿論文掲載決定者からは, 別途「掲載料」として10,000円を徴収する)。掲載決定の通知後1週間以

内に事務局宛に振り込むこと（通知書に同封する振込用紙を使用のこと。振り込み確認後，正式に掲載となる）。論文掲載者には，論文掲載号を3部無償提供し，論文抜き刷りを実費で必要数提供する。

20. 投稿論文の提出先および照会先は，以下の本学会事務局とする。

　　日本マネジメント学会事務局（〒162-0814）東京都新宿区新小川町6-36，（株）山城経営研究所内

　　付則　本規定は2009年6月28日から施行し，
　　　　　　2009年8月30日から改定（13の①について）施行し，
　　　　　　2010年6月25日から改定（13の④，19について）施行する。
　　　　　　2011年7月1日から学会の名称を変更する。

〔補　足〕

原稿は，A4の用紙において，ジャーナルの刷り上がり（これはB5の大きさですが）と同じ組み方（行数，字数，タイトル・ご芳名等の行数）によって，10.5ポイントで，インプット・印刷してください。たとえば，論文タイトルは，刷り上がり1行で収まる場合は1行空き・タイトル1行使用・2行空き・ご所属とご芳名1行・1行空き，また，刷り上がりが2行になる場合はトップ空き行無し・タイトル2行使用・1行空き・ご所属とご芳名1行・1行空きとなります。以上のようにして，頁ごとの完全原稿にして，英文要約を含み10頁以内は絶対に厳守して下さい。11頁目に，氏名，論題，邦文要約，連絡先等を書いて下さい。
また，図表は刷り上がりと同じ行数と同じ字数を使い，位置も指定すること。
さらに，抜き刷りは最低限30部以上，その料金支払いは30部以上の分に対してです。

編集後記

　本号の特集論文は，広島経済大学で開催された第76回全国研究大会の実行委員長でおられた瀬戸正則氏に依頼しております。実行委員長としての立場から，大会の統一論題である「原点回帰のマネジメント—地方企業からの発信—」に決定した想いやねらいも含めて論じられております。また，投稿論文は4本掲載することができました。さらに，今号は特集論文が1本でしたので，何らかの掲載文が必要になり，私が執筆をしております。機関誌委員会委員長として本機関誌の刊行に3年間携わり，本号が任期中最後の担当となりますので，巻頭言のボリュームを少し増やして本学会の強みと今後の課題について述べております。

　今までの編集方針としては，特集論文においては，大会での報告者や討論者を中心に依頼してきました。そのために，学会員の報告者が少ない場合には，必ずしも十分な数の論文を掲載できないこともありました。今後は，実務家の報告者の原稿掲載も考えても良いかもしれません。ただ，単著ということになると負担が大きく，論文の水準の問題もありますので，コメンテーターの方との共著形式などをとるなど，何らかの検討をしても良いかと考えます。

　投稿論文に関しては，各号で投稿者数が大きく変動しており，また厳格な査読プロセスがあるために，掲載数の見込みが立たないということがあります。傾向としては，8月末を締切日としている1号に投稿者が集まっています（注：投稿者数が少ないから採択されやすいというわけではありません）。投稿論文では査読者の依頼が機関誌委員会の大きな仕事になります。毎回，投稿論文に近いテーマを研究されている査読者を探すのは大変な作業でしたが，ご快諾頂くことも多く，とても有難いと感じました。査読プロセスに関しては，まだ改善する余地もあります。査読結果の提出が遅れ，再査読プロセスに進むと，査読期間が長くなってしまいます。刊行月が決まっているために，その折り合いが大変でした。こうした改善課題に関しては，次期委員会にきちんと整理した形で引き継ぎます。

　機関誌の刊行につきまして，この3年間，事務局の武市顕義氏には，投稿者・査読者間の郵送作業など，さまざまな調整作業をお願いし，大きなご負担をおかけしました。時には長い電話をし，頻繁にメールで連絡をするなどしましたが，スムーズな刊行ができたのも武市氏のおかげです。いろいろと有難うございました。また，株式会社 学文社の田中千津子氏には，迅速な編集・印刷作業をご協力頂きました。いつも刊行日間際になってからの入稿や，初校で大幅修正をする執筆者への対応などでご迷惑をおかけしました。最後に，次号からもより内容の充実した機関誌が刊行できることを願っております。

日本マネジメント学会機関誌委員会

委員長　中村　公一

日本マネジメント学会機関誌委員会

委員長　中村　公一

| 委　員 | 小椋　康宏　　加藤　茂夫 |
| | 樋口　弘夫　　松本　芳男 |

事務局　　武市　顕義
〒 162-0814　東京都新宿区新小川町 6-36
　　　　　　S&S ビルディング 3F
　　　　　　（株）山城経営研究所内
　　　　　　TEL：03-6674-1836
　　　　　　FAX：03-5228-1233
　　　　　　E-mail：name@kae-yamashiro.co.jp
　　　　　　http://nippon-management.jp/

経営教育研究 Vol.21　No.2　　― 原点回帰のマネジメント-地方企業からの発信―

2018 年 7 月 31 日発行

編集・発行　日本マネジメント学会機関誌委員会
発売　株式会社 学 文 社
〒 153-0064　東京都目黒区下目黒 3-6-1
Tel. 03-3715-1501　Fax. 03-3715-2012
http://www.gakubunsha.com

ISBN 978-4-7620-2822-9

ⓒ 2018 Nippon Academy of Management　　Printed in Japan